文化金融

通往文化世界的资本力量

金巍 著

中国出版集团
中译出版社

图书在版编目（CIP）数据

文化金融：通往文化世界的资本力量 / 金巍著 . -- 北京 : 中译出版社 , 2021.5
ISBN 978-7-5001-6628-3

Ⅰ . ①文… Ⅱ . ①金… Ⅲ . ①金融学—研究 Ⅳ . ① F830

中国版本图书馆 CIP 数据核字（2021）第 044465 号

出版发行：中译出版社
地　　址：北京市西城区车公庄大街甲 4 号物华大厦六层
电　　话：（010）68359827；68359303（发行部）；
　　　　　68005858；68002494（编辑部）
邮　　编：100044
电子邮箱：book @ ctph.com.cn
网　　址：http://www.ctph.com.cn

策划编辑：于　宇
责任编辑：于　宇
封面设计：仙　境
排　　版：聚贤阁

印　　刷：北京顶佳世纪印刷有限公司
经　　销：新华书店
规　　格：710mm×1000mm　1/16
印　　张：19.75
字　　数：204 千字
版　　次：2021 年 5 月第 1 版
印　　次：2021 年 5 月第 1 次印刷

ISBN 978-7-5001-6628-3　　　　定价：69.00 元

版权所有　侵权必究
中 译 出 版 社

自 序

写在不寻常的 2020

2020年，注定会成为历史上一个不寻常的年份。不期而至的新冠肺炎病毒席卷全球，世界仿佛在这一年停顿下来，而这种停顿背后又孕育着各种暗流，让未来充满了不确定性。美国《时代》周刊把2020年称为"史上最糟糕的一年"。

2020年1月，中国爆发了大规模疫情。但我们的政府表现出了强大的组织力，我们的人民表现出了惊人的自信和自律。9个月后，中国开始"重启"，现在基本恢复了以往的样子，正常上班，正常出差，正常开会，这真是一个奇迹。但这仍是"抗疫常态化"下的一种复苏，人们仍对疫情保持着高度的警惕。

在将近9个月的时间里，大多数线下的学术活动都暂停了，我有更多时间写点文字，同时也可以整理以往文化金融方面的文章，对我在文化金融方面的观察做一个回望和总结，于是就有了这本书呈现给大家。

文化金融是一种基于文化生产的金融服务活动，更具体来说，文化金融是服务于文化产业的金融活动。在不同角度上，文化金融表现为一种业态、一种体系或一种机制。过去十几年，我国文化金融发展可谓从无到有、从小到大，总体呈现了"政策驱动与市场创新联动、整体规划与分业实践共举"的特征。我们看到了文化产业主管部门、金融监管部门通过不断推出政策进行的努力，看到了文化企业、金融机构基于市场需求的不断创新；我们看到了主管部门在文化金融整体规划上的严谨和整合能力，也看到了资本市场上电影、艺术品、传媒等不同行业不同风格的实践路线；我们看到了2016年前后文化产业资本市场呈现的热度，也看到了近些年文化产业资本市场在金融严监管周期中的挣扎。

早些时候只有极少数的文化产业学者撰文讨论文化金融问题，这些年已经开始受到主流金融学界关注，因为文化金融正通过服务文化产业展现着巨大的时代价值和创新魅力。这些年，我有幸见证了一个时代的变迁，同时也通过组织文化金融学术活动、参与建立专门研究机构、承担专项研究课题项目、编辑出版文化金融蓝皮书、编写文化金融教材等形式，参与了这个令人激动的历史进程。

我在文化金融方面的观察和研究是从2013年开始的，我在那一年开始编写并于第二年出版的《创新的力量：美丽中国建设路径探析》一书中讨论了"文化产业金融与投融资创新"问题。2015年我参与主编并出版了《中国文化金融合作与创新》。这个时间，在中国新供给经济学50人论坛的学者交流活动中，一些学者筹划建立一个连接文化和金融界的交流平台。2016年1月23日，中国文化金融50人论坛（CCF50）成立了，创始成员集聚了王永利、贾康、姚余栋、杨涛、黄剑辉等众多金融学家和经济学家，也包括侯光明、张晓明、魏鹏举、刘德良等文化产业专家，很荣幸我被推举为论坛秘书长。此后我们连续举办了十几场有影响力的论坛、峰会，这对加强金融界和文化产业界的沟通交流起到了很大的推动作用。

2016年下半年，中国社会科学院金融研究所杨涛老师邀我一起策划主编"文化金融蓝皮书系列"，第一部蓝皮书《中国文化金融蓝皮书（2017）》于2017年4月由社会科学文献出版社出版。至今我们已经连续四年编写"文化金融蓝皮书"，这个系列的蓝皮书已经成为国内较有权威的文化金融研究报告。2017年北京师范大学出版社邀请我编写一本供大学本科和研究生使用的专门教材《文化金融学》，这也是文化金融研究领域的一个首创吧。这本教材最终由我和杨涛老师合作完成，将于2021年上半年出版。

2018年3月，在国家金融与发展实验室理事长、中国社科院学部委员李扬老师的支持下，国家金融与发展实验室文化金融研究中心成立，我开始在这个国家高端智库从事文化金融研究工作。中心的成立为文化金融研究提供了一个良好的平台，这几年承接部委文化金融专项课题、组织学术交流、开展培训活动，取得了各方面的认可。2020年，依托国家金融与发展实验室，北京立言金融与发展研究院成立，研究院设立了文化和旅游金融研究所，我有幸担任所长，可以为文化金融研究继续努力。

五年来，我们与政府部门、金融机构、文化企业及研究机构建立起了密切的合作关系，在文化金融方面做的工作也有了很好的社会反响。这个时间段是我国"十三五"规划时期，也是文化金融发展与成长的重要阶段。我的文化金融方面的文章大多数都是在这期间完成的。

几年来我对文化金融的观察可以分为主要的三个方面，这成为了搭建本书架构的基础。所以，我将本书内容分为三大部分，主题词分别是"时代芳华""静水流深"与"基业长青"。

一、时代芳华：演进中的文化金融。我国文化金融的发展是有自身特色的，这与我国作为最大的发展中国家地位及其后发赶超的时代背景有密切关系。在我国，由于文化产业实践和政策语境具有整体性，文化金融也是作为一种整体性研究领域进行学术构建的，这个构建几乎是从无到有一点一点推进的，在初期很多基础性的概念性的东西都需要厘清。学者们关于文化金融内涵、本质等方面具有基础理论意义的观点，现在虽然看起来依然零散，但仍是极有价值的。另外，由于文化金融的整体性推进与我国政府推动产业发展的相关政策密切相关，很多理论和研究成果都体现在了文化金融政策当中，而很多理论和观点的演进也离不开对政策的解读和深化。我在文化金融概念、逻辑、理论演进，以及关于我国文化金融政策方面写了一些文章，这些文章构成了本书的第一部分，主题词是"时代芳华"。

二、静水流深：变革中的文化金融。文化金融是新兴领域，必然会出现很多新事物，有很多前沿性和趋势性的问题需要研究。国家大力推动文化产业繁荣发展，文化金融领域也出现了很多创新，如互联网金融和金融科技在文化金融中的应用。我在其他领域的经历帮助我更早地意识到了一些前沿性的问题，我写了一些文章或在不同场合进行了宣讲，比如文化金融区块链这个话题。当然，文化金融是在金融服务于文化实体经济过程中形成的金融业务领域，在服务实体经济这个逻辑基础上，文化金融的创新需要在合理的曲线上运动，真正的变革来源于有价值的创新。在文化金融趋势观察中，政策环境、资本市场结构、技术变革、生态、区域文化金融等都是重点观察角度，其中总体金融政策环境和文化政策环境构成了文化金融发展趋势的主要风向标。我写的关于文化金融前沿热点分析以及发展趋势方面的文字构成了本书的第二部分。

三、基业长青：体系构建中的文化金融。 文化金融发展是一个系统性的问题，是体系构建问题。在文化金融发展中，金融机构始终都是更具话语权的一方，这决定了我们需要更多从金融服务体系构建视角研究体系构建问题。我很多文章是从这个视角上阐述的，包括文化金融产品创新、组织创新等问题，也包括文化金融基础设施这个重要命题。近年来，如何通过文化金融基础设施建设发展高质量的文化金融，已经得到有关部门的高度关注。我写的这些方面的文章构成了本书的第三部分。这部分应用性、系统性强。

国家软实力建设和文化产业发展离不开文化界的努力，也需要金融界的支持和参与。多年来，文化金融在我国文化产业发展和国家软实力建设中发挥了重要的作用，但目前这个领域专门的研究人员仍然不多，我希望通过这部书的出版，为推动文化金融的研究做一点贡献。能以文字的形式从一个侧面反映近年来我国文化金融在研究、实践和政策等方面的一些情况，是一个文化金融研究者的荣幸。

本书的出版，得到很多专家和朋友的鼓励和肯定，李扬、王永利、姚余栋、杨涛、管清友、刘双舟等老师拨冗为本书写了推荐语，我在此表示万分的感谢！感谢中译出版社社长乔卫兵先生、责任编辑于宇与黄秋思的大力支持！感谢深圳文化产权交易所发起的"文化金融城市学院"平台，本书将作为"文化金融城市学院丛书"的第一本与大家见面。

和许多经济领域一样，文化产业和文化金融在 2020 年有了一个令人沮丧的 V 型低谷，有了一个不情愿的休止符，但我们正在意气风发地重启。中央在"十四五"规划和 2035 年远景目标设计中将文化产业发展放在了非常重要的地位，所以文化金融任重而道远。在通往文化金融的世界的路上，有美丽，也有风霜，我们会一直前行。向所有在 2020 年坚持了理想并继续砥砺前行的人致敬，向 2020 年致敬。

本书献给我的妻子和今年 4 月刚刚出生的儿子宇麒。

金 巍

2020 年 12 月 6 日

于北京通州·京杭大运河畔

目 录

第一部分

时代芳华：演进中的文化金融

第一章 文化金融的逻辑 003

　　文化金融的演进及意义 003

　　产业金融视角下文化金融的特征 012

　　关于文化金融研究的几点思考 019

　　文化金融的理论视野与研究路径 024

　　警惕文化金融发展中的"虚拟经济" 035

　　文化金融的"天职"：服务文化生产 038

　　从产业金融视角认识和发展文化金融 045

第二章 文化金融政策 053

　　近年金融政策环境影响及文化金融政策深化 053

　　文化金融政策体系化十年演进之路 063

　　金融服务文化实体经济需走出认识误区 070

　　国家文化与金融合作示范区创建需要战略视野 077

　　金融应对疫情、支持文旅产业发展的思考 080

　　抗疫常态化下的产业"冰期"与文化产业政策路径优化 085

　　在区域金融改革中促进文化金融进一步发展 093

第二部分
静水流深：变革中的文化金融

第三章　文化金融前沿与热点观察　101
文化金融发展趋势、前沿及三元动力结构　101
互联网经济背景下的文化金融新形态　106
文创产业爆发，IP金融静水流深　112
文化、科技与金融：三元动力结构下文化产业的融合与创新　119
文化金融"筹投贷模式"势在必行　123
区块链在文化金融领域的应用场景　127
粤港澳大湾区文化金融如何突破　134

第四章　文化金融发展状况与趋势分析　142
文化金融在发展中迎来调整期　142
文化金融的三个宏观关注点及趋势分析　147
金融政策环境收紧，文化金融发展路径面临调整　151
无生态，不金融：文化金融开启生态演化模式　157
我国文化金融呈现"五个并重"新特征　164
文化金融发展背负多重压力　173
资本结构、政策与技术变革下的文化和旅游产业金融　179
文化产业投融资：不积极应对，则将进一步恶化　183
文化金融十年：在创新与变革中成长　189
"双循环"背景下文化金融发展需提升五种能力　196

第三部分

基业长青：体系构建中的文化金融

第五章　文化金融工具、机构与市场　207

　　文化企业要认识和用好金融工具和资本市场　207

　　天赐之机下的"冰火之恋"——关于资管与新文化经济　211

　　财富管理是艺术品金融的基础性机制　215

　　银行服务文化产业的创新路径　218

　　文化产业知识产权证券化：能否再现昨日辉煌　227

　　文化产业保险不是"伪命题"　239

　　文化企业如何利用融资担保工具　249

第六章　文化金融体系建设与创新　258

　　文化金融发展中亟须取得突破的三大领域　258

　　发展文化金融亟待构建两大支柱　265

　　无形资产评估是文化金融体系的支柱　271

　　文化金融数据与专项统计制度　276

　　文化数据资产将成为未来最重要的文化资产之一　282

　　在新经济金融服务体系视角下进一步发展文化金融　294

第一部分

时代芳华：演进中的文化金融

文化与金融相遇，会是怎样的"冰火之恋"

在金融的助力下，文化将描绘何等美画

文化金融的演进轨迹，正呈现其独特的学理逻辑

而在政策推动下，文化金融完成了自身大厦的整体构建

文化金融是伟大时代的产物

是时代之芳华

第一章
文化金融的逻辑

文化金融的演进及意义[①]

十几年来,我国的文化产业获得了飞速的发展。国家统计局初步测算数据显示,截至2014年,我国文化产业增加值已经达到24 017亿元,占GDP的比重达到3.77%[②]。而这一数据在2004年仅为3 440亿元和2.15%。文化产业的发展离不开金融的支持。2003年以来,尤其是2009年以来,为了使文化金融内涵不断丰富,各级政府和各金融机构对文化金融进行了积极的探索和努力,并在宏观政策、中观规划、微观运行体系等层面都取得了不断进步。

---

① 节选自金巍.中国文化金融合作与创新[M].北京:中国传媒大学出版社,2015.
② 国家统计局社会科技和文化产业统计司、中宣部文化体制改革和发展办公室. 2015文化及相关产业统计概览[M].北京:中国统计出版社,2015.

1. "文化金融"概念辨析与界定

文化金融这一概念意味着文化与金融发生了某种特殊的关系。文化金融并不是简单的"文化+金融",从现状看,文化金融至少表现为包含政策、体系、产品等内容的一种机制。然而什么是文化金融中的"文化",什么是文化金融中的"金融",都有必要做一个界定。

根据十几年来文化金融的发展历程,一般认为文化金融是立足于文化产业和文化发展的金融研究和实践领域,它涉及宏观政策、中观规划和微观运行体系等多个层次。所以,文化金融是关于文化的金融问题,而不是关于金融的文化问题,因此文化对金融行业的影响不在研究范围之内。尽管文化作为外生因素或内生变量对金融行业具有影响作用,但这是文化与金融的另一种关系,属于制度经济学的研究范畴。

在文化产业融合趋势下,所谓文化产业应保持宽窄结合、宽窄适度的视野[①]。我国极力促进文化产业与其他产业的融合(首先

---

① 宽窄适度的文化产业视野是指:一方面,文化产业的统计框架不宜过宽,必须立足于科学性和易操作性。当前的国家级和各个地方的文化产业统计口径不是窄了,而是已经过宽了,不能"文化产业是个筐,什么都能往里装"。当前的文化产业统计框架内,严格地说也不是一个产业,而是一个"产业群",这个产业群整体上的同质性已经相当弱,所以过于宽泛的统计设计是不利于文化产业政策执行和文化产业发展的。另一方面,文化产业作为"文化"这一"要素"的重要输出地,与其他产业总有着千丝万缕的联系,文化的渗透力和影响力在其他产业越来越明显,各个传统行业和产业都不同程度与"文化含量"相关,所以,研究文化产业又不能完全局限于统计框架。

表现在"七大文化创意融合性产业"①),提升文化作为相关产业生产要素的作用,增强其他产业的文化动力,业界流行的电信、媒体和科技(Telecommunications, Media, Technology, TMT)产业概念也在不断打破文化产业的界线,有泛文化产业的倾向。不过,文化金融是基于文化的特性而形成的金融形态,作为文化金融的"文化"仍然是以内容生产为主的文化产业。

"文化事业"建设也不排除需要利用金融手段。有学者认为,文化金融是指发生于文化资源的开发、生产、利用、保护、经营等相关活动中的所有金融活动。所有与文化产业、文化事业相关联的金融业务都是文化金融②。所以狭义上可以将文化金融理解为关于文化产业的金融问题,而更广义上还包括文化事业建设中的金融问题,例如政府与社会资本合作(Public-Private Partnership,PPP)在公共文化建设项目中的作用。

除此之外,这里所指的金融,不仅仅是以银行和货币为中心的信贷融资市场,也不是狭义的信贷、保险、证券、信托、租赁、

---

① 2014年3月,国务院出台《关于推进文化创意和设计服务与相关产业融合发展的若干意见》,要求将"文化创意和设计服务"作为先导产业,要求农业、装备制造业、消费品工业、建筑业、信息业、体育、旅游这七大产业积极与文化创意和设计服务融合发展,提升"文化含量"。笔者将这七大产业称为"文化创意融合性产业"。

② 蔡尚伟,钟勤. 对我国发展文化金融的初步探讨[J]. 深圳大学学报(人文社会科学版). 2013, 30(4).

担保等金融机构①共同组成的金融中介服务体系，而是指与资本相关的政策性金融、金融中介服务体系及企业资本运营市场等所有金融产品和元素的资本市场。所以，我们所说的文化金融，也是指在文化领域（包括文化产业和部分文化事业）宏观、中观和微观层面形成的多元资本市场集合体。

2.文化金融从"支持"到"合作"的演进

文化产业发端以来，金融与文化产业相生相伴，无论是政策推动还是利益使然。2003—2008年，文化产业与金融的关系一直处于摸索阶段，有进步但没有大的实质性进展。2008年是我国文化金融发展的一个拐点。为了应对国际金融风险和调整经济结构，国家相继出台多个政策文件对文化金融政策做了实质性的完善，出台专门政策，重要文件包括《关于加快文化产业发展的指导意见》（文产发〔2009〕36号，2009年9月10日），《关于金融支持文化出口的指导意见》（商服贸发〔2009〕191号，2009年5月），《文化产业振兴规划》（2009年7月22日）等。此后，中央财政支持力度开始逐年增强，文化产业的直接融资和间接融资发生了很大变化，金融服务产品的创新和使用日趋增多，产业资本也开

---

① 按照2014年中国人民银行发布的《金融机构编码规范》，我国的金融机构共分九大类：1.货币当局，2.监管当局，3.银行业存款类金融机构，4.银行业非存款类金融机构，5.证券业金融机构，6.保险业金融机构，7.交易及结算类金融机构，8.金融控股公司，9.新兴金融企业。

始慢慢渗透到文化金融领域。文化金融在文化产业保险、信托、债市、企业上市、要素交易市场等方面都有了很大的发展，作为产业创新和发展的驱动力，文化金融正在发挥着不可替代的作用。

从各类与文化金融相关的政策文件和产融互动的演变看，我国文化金融基本上是沿着从"支持"到"合作"的路径推进，文化产业与金融的互动呈现层层递进的关系。在2014年之前是支持阶段，2014年之后进入合作阶段。这种演进与国家推出的文化金融政策密切相关，其中具有代表性的文件有两个：一是2010年中国人民银行、财政部、文化部等部门发布的《关于金融支持文化产业振兴和发展繁荣的指导意见》（银发〔2010〕94号，2010年3月19日），二是2014年3月由文化部、中国人民银行、财政部联合发布的《关于深入推进文化金融合作的意见》（文产发〔2014〕14号，2014年3月17日）。

在2014年之前，文化金融的主题是如何解决金融支持不足问题。贾旭东（2010）认为，从文化产业的立场来看，金融支持不足意味着流入文化产业的资金量不足；从国家金融配置的角度来看，文化产业金融支持不足反映的是国家金融政策存在着"包容性缺陷"，即金融（贷款）在不同行业间配置的不平衡，使文化产业成为事实上的资金流动回避和忽视的行业[1]。2010年印发的《关于金融支持文化产业振兴和发展繁荣的指导意见》是第一部就金融支持文化产业发布的专门性指导文件，是对2008年以来文化金

---

[1] 贾旭东.文化产业金融政策研究[J].福建论坛·人文社会科学版，2010（6）.

融政策的整理和完善，也是对未来数年文化金融发展的战略指引。此后，银行、保险、信托等金融机构积极研究，推出了很多有针对性的方案，并且在文化金融创新方面都取得了不小的进展；各类社会资本参与到文化产业之中，在形成多层次、多渠道、多元化的文化产业投融资体系建设上更进一步。与此同时，上市文化企业数量急剧增加，文化产业投资基金也呈现井喷式增长。

《关于深入推进文化金融合作的意见》是贯彻党的十八大精神、进一步推动文化金融创新的重要文件。文件中鼓励文化企业深度参与金融业，鼓励民间资本参与文化金融，加快文化产业资本向金融资本方向的拓展，体现了文化金融合作的双向性。虽然文件并没有直接解释"文化金融合作"的内涵，但是将"加快推进文化企业直接融资"等作为重要内容，凸显了企业作为文化金融主体的重要性。此后，北京、上海等地都陆续发布类似的相关政策文件，结合本地实际情况推出实施计划，加快了文化金融的发展。

虽然学界对"文化金融合作"还没有比较系统的学理解释，但是文化金融从"支持"到"合作"的转变，却是本质上的一种变化。支持，是外部诱导与外部约束，破题是自外而内的；而合作，则体现了在文化金融中的角色变更和主体责任变化，文化产业本身（以企业为主体）需要发挥更多作用。从"支持"到"合作"，不仅是力度与深度的增加，更重要的是确立了文化企业在文化金融创新中的主体地位。至此，"文化金融合作"成为一个专有名词，尽管合作的内涵还未清晰，但开启了通向文化产业金融的一个路径。

3. 发展文化金融的根本意义是促进文化产业创新

我国的文化产业同许多其他产业一样，经过了政策驱动、资源驱动阶段，当前存在的主要问题是效率偏低，创新能力不足。《中国文化产业发展报告（2014）》显示，我国文化产业的文化再生产类别差异较大，作为核心的文化内容的生产盈利水平和生产效率较低。文化产业需要向创新驱动转型[①]，向提质增效阶段转型，所以发展文化金融应通过完善的金融服务体系促进文化产业创新。

第一，文化产业创新与资本具有长期因果关系。发展文化金融能够解决文化产业融资瓶颈问题，激活资本力量，为文化产业注入资本活力，促进文化产业发展。在传统的生产三要素中，土地要素作用弱化，劳动力要素则表现为技术、知识、管理、人才等形式，只有资本依旧坚挺地承担原有的角色。当前我国的文化产业发展中，创新受制于资本瓶颈是一种常态，因为产业创新往往意味着高于平均水平的投入和较长的应用期等待。有人认为创新和资本没有直接关系，然而从长期看，只有通过系统性、持续性的资本要素供给，才能刺激文化产业的创新，才能提供文化产品供给，从而形成文化生产良性循环。金融使资本这一产业血脉

---

① 可参考在2014年12月中国人民大学和文化部文化产业司共同主办的第六届"文化中国：中国文化产业指数发布会"上发布的相关指数。根据介绍，该指数衡量文化产业转型升级的内在动力主要包括三个指标：内容创新、商业模式创新和科技创新。前两项很难通过量化指标收集数据，而科技创新可以通过企业科研经费投入、高技能职称人数等指标进行精确量化。

更加畅通，而产业金融的创新能够放大货币乘数效应，进一步优化资源配置，推进文化产业的转型升级。

第二，金融政策通过诱发性创新活动促进文化产业创新。产业创新[①]是产业中由某个创新主体推动引发、并最终形成整个产业变革的一种过程或现象。文化金融创新，需要文化金融制度与政策方面的诱发性创新活动。这种活动对产业而言是外生的，是破解外部约束的创新活动，就整体经济而言具有内生性。新制度经济学经济学家罗纳德·哈里·科斯（Ronald H. Coase）和道格拉斯·C. 诺斯（Douglass C. North）阐述了制度在经济体系运行中的地位和作用。他们认为，制度之于经济增长，不是假设不变的外生因素，经济增长的关键是设定一种能对个人提供有效刺激的制度，这种主动的或人为的对制度的变革能够使创新者获得追加利益。所以，在文化产业发展中，政府可以作为一个创新主体，通过基于产业发展的制度创新推动或影响产业金融的发展，并由此形成文化金融的制度、组织、技术等方面的变革。随着文化金融合作日趋深入，我国在制度供给（金融改革）促进文化产业创新，以及增强产业创新的诱发因素等方面，已经取得了不错的效果。

第三，文化金融通过资本利用方式的创新促进文化产业创新。

---

① 英国经济学家弗里曼第一次提出了"产业创新"的概念，其著作是与罗克·苏特合著的《产业创新经济学》（《产业创新经济学》又译《工业创新经济学》）。他认为产业创新包括了技术和技能创新、产品创新、流程创新、管理创新和营销创新。他从历史变迁的角度对许多产业的创新做了实证研究，认为不同产业的产业创新的内容也是不同的。

就文化产业特性和当前我国文化产业发展现状而言,最重要的是要素创新、内容创新、模式创新、市场创新。在产业创新的要素性层面,技术创新、知识创新、制度创新、管理创新、文化创新、人才创新都是文化产业创新的重要内容[①]。资本本身并不具有创新的要素性,因为资本和土地一样只有量的变化而没有质的变化,所以资本不是要素创新的内容。然而,资本的产生和利用方式却是创新领域,创新的资本方式既能够极大节约使用成本、提高使用效率,又能够促进企业资本管理能力和治理能力。资本的产生和利用,不仅能解决外部约束问题,同时也是解决产业内生动力的关键,这正是金融创新的要点。

第四,产业资本的金融创新活动能够带动整个文化产业的新变局。创新经济理论的鼻祖约瑟夫·熊彼特(Joseph Alois Schumpeter)认为创新是一种"创造性的破坏",是生产要素和生产条件的"新组合",能够实现创新、进行"新组合"的人就是企业家[②]。发展文化产业需要增加资本供给和资本流动性,而资本供给不仅来自政策性资金的撬动(如政府贷款贴息)和商业金融资本,更需要产业资本的高度介入。在我国金融实践领域,已经有了产业资本和企业家的创新活动对金融格局、业态和秩序产生了

---

① 要素性创新是指在具有内生性的六个要素(技术、知识、制度、管理、文化和人才)上进行创新而取得驱动性作用的活动。参见张洪生,金巍.创新的力量——美丽中国建设路径探析[M].北京:北京时代华文书局,2014.

② [奥]约瑟夫·熊彼特:经济发展理论[M].邹建平,译.北京:中国画报出版社,2012.

深刻影响的案例（如互联网金融领域）。由产业资本或文化企业开展的产业金融的技术、市场、产品、组织、管理等方面的创新，能够完善风险控制、降低金融风险、增强资本盈利能力，而由此引发整个产业的变革就是一种产业创新，这是文化金融创新的重要方面。在文化产业创新中，金融所扮演的角色正在内部化，最终结果就是形成文化产业金融形态。

产业金融视角下文化金融的特征[①]

金融与产业是经济发展中的一个统一体。在现代经济体系中，金融的发展一直都是基于产业的资本需求，金融和产业是相互促进的平行发展关系，偏离产业的金融往往导致畸形的经济发展模式。虽然产业和金融的关系一直非常紧密，但是产业金融（Industrial Finance）的产生，是基于产业发展到一定阶段后对金融的高级需求。

文化金融合作的高级形式就是"文化产业的产业金融"，即"文化产业金融"。在当前阶段，文化金融合作尚未成熟，以产业金融思维考量文化金融合作与创新活动可能还不成熟，但随着文化金融合作的深入，基于文化产业金融特征、以产业金融为框架分析和推动文化金融将成为一种新视角。

---

① 本文节选自金巍.中国文化金融合作与创新［M］.北京：中国传媒大学出版社，2015.

1. 产业金融是金融资本与产业资本的高度融合

当一个产业具有一定的规模，金融不仅要满足其资金融通的需求，还要满足信用管理、风险转移、资源配置、价格信号、股权增值等多层次规模性需求，这孕育了巨大的市场。当金融和产业的合作逐渐深入，尤其是金融资本与产业资本在这一市场高度融合，金融具有极强的产业特性时，产业金融开始形成。所谓产融结合就是资本结合的动态过程。现代金融体系趋向综合化，产业金融是在产融结合趋势下形成的一种产业形态。从产业规划与微观角度来看，产业金融是一个整合了金融与产业各种主体和金融资源的资本运行系统和立体平台，需要全产业链参与并具有良好的金融生态。

产业金融成为一个相对独立的研究领域也是近二十年的事。纪敏等（2000）认为，产业金融是"依托并促进特定产业发展的金融活动总称"[①]。许建生、韩芳侠（2013）认为，所谓产业金融，是以满足生产者的融资需求为主要功能的金融体系，与之相对应的是"商业金融"，即以满足储蓄者的投资效用为主要功能的金融体系。产业金融的基本原理是以产业为基础平台，以金融为催化剂，金融与产业良性互动创造新的价值，实现财富的倍增效应[②]。

---

① 纪敏，刘宏. 关于产业金融的初步研究——兼论我国财务公司改革的一种思路[J]. 金融研究，2000（8）.

② 许建生，韩芳侠. 做强产业金融，推动战略新兴产业和先进制造业发展[J]. 中国发展，2013，13（4）.

钱志新认为，产业金融的基本原理为四个资本化，即资源资本化、资产资本化、知识产权资本化、未来价值资本化①。广义上，产业金融是立足于产业发展的微观金融活动（企业）、中观金融活动（产业）、宏观金融活动（经济）等全部活动的有机整体，企业的自主行为、产业组织的协调行为和政府的干预行为都是产业金融活动不可或缺的组成部分。

纵观国际国内金融发展历史，产业金融发展比较成熟的市场主要是汽车金融、交通金融、航运金融、房地产金融和一些与高科技相关的产业金融等。这些行业中都形成了较为完善的产业金融体系，在这个体系中都有较有代表性的几种金融机构和金融产品，如航运金融中的航运交易所、汽车行业的财务公司或汽车金融公司。在汽车产业金融中，企业财务公司和汽车金融公司②起到了关键作用。我国从1987年开始有第一家企业财务公司，迄今已经有100多家，虽然这些财务公司的金融业务还受到一定限制，但是近几年，企业集团开展了多种形式的产融结合，如投资金融机构、投资设立小额贷款公司等。在大型企业集团，尤其是资金实力雄厚的央企中，产融结合已然成为一种趋势。随着经济的全

---

① 钱志新.产业金融[M].南京：江苏人民出版社，2010.
② 2004年8月18日，中国第一家汽车金融公司——上汽通用汽车金融有限责任公司在上海宣布开业。在随后的两年中，大众汽车金融（中国）有限公司，戴姆勒-克莱斯勒丰田汽车金融（中国）公司，均从中国银行业监督管理委员会获得正式批复，开展金融业务。2008年，经中国银监会批准，奇瑞徽银汽车金融有限公司正式成立，这是第一家中国自主品牌汽车与中国本土银行合资成立的汽车金融公司。

球化，产业和金融的全球一体化趋势更加明显，产业金融将得到进一步发展。

产业金融作为一种业态，具有鲜明的产业特性。虽然各类产业金融特点不同，但仍具有共同特征，主要有：政府对某一产业的金融政策和制度设计具有明确的指向性，干预力度较大；金融和产业之间呈现双向互动关系；除了银行、证券、保险、信托、交易所外，具有产业特色的金融机构如投资控股公司、企业财务公司、消费金融公司等各类金融机构共存，以良好的运营模式服务于产业发展；各类资本以不同方式充分参与资本市场，产业银团、财团具有中流砥柱的作用，企业的主体性作用明显。

作为一个国民经济支柱性产业，没有一个完善的产业金融服务体系是不可想象的，但我国文化金融还未形成一种体系性业态。我国文化产业规模已经超过 3 万亿元，根据增长趋势，未来五年中，文化产业增加值的 GDP 占比将超过 5%，成为国民经济支柱性产业，如此庞大的经济规模能够支撑一个相对独立的产业金融体系。随着文化产业在国民经济中的作用日趋重要，金融资本与产业资本在文化金融中所扮演的角色和着力点都将发生变化，一个从外至内、内外结合的资本市场形态——文化产业金融形态即将形成。

2. 文化产业金融的基本特征

文化金融是相对宽泛的概念，被用来描述各个阶段的文化和金融的关系。所以，当文化金融向一种新型业态①进步的时候，使用产业金融的概念就更恰当一些。产业金融是一个专用金融术语，在产业金融框架下界定"文化产业金融"，将"文化产业金融"作为文化金融的一种高级金融形态，则区别了文化金融和文化产业金融②。

要在文化产业的发展和创新中能够真正发挥金融的作用，就需要发展具有鲜明特色的产业金融。产融对接、版权评估与交易、资源产业化、产品设计和互联网金融机制等，只有在产业金融系统中才能得到长远的发展和固化。以"支持"与"合作"为主题的文化金融是一种产业关系的描述，是产业金融的前奏。未来五到十年，我国的文化金融必将以产业金融为主题。

文化产业金融的特殊性源于文化产业的特殊性，主要包括：文化再生产过程与传统产业不同；文化产业轻实物资产，知识产权是最重要的资产；文化产业很多产品具有金融特性（如艺术品）；文化产业分类繁杂，十大行业的共性较弱，因而文化产业金融需要分门别类对待，如电影行业、艺术品行业等具有鲜明的

---

① 学者西沐认为，文化金融本身就是一个新的业态。他认为文化金融不是简单意义上的文化产业与金融业的融合，而是指在文化资源资产化、产业化发展过程中的理论创新架构体系、金融化过程与运作体系、以文化价值链构建为核心的产业形态体系及服务与支撑体系等形成的系统活动过程的总和。参见西沐文化金融：新的发展框架与视野．北京联合大学学报（人文社会科学版），2014，12（1）。

② 文化产业金融是文化金融的核心，文化金融具有更宽泛的含义。狭义的文化金融就是文化产业金融。

产业特征，都有专门的金融服务机构。

根据这些特性，一个完善的文化产业金融运行体系，就是紧紧围绕文化产业的创作、生产、传播和消费等各个文化再生产环节①形成的独立运行系统，这一系统形成的重要标志在于：制度供给是否具有系统性，制度环境是否有利于产业发展；产业内的各类资本能否高度参与产业金融；金融服务是否形成链性覆盖；是否生成独特的金融生态与文化。

因此，文化产业金融形成的基本特征有五个方面。

第一，有执行性较强的顶层设计和产业金融制度，形成立足于产业的制度环境。我们这里所说的制度是指以政府为供给方的正式制度。制度供给形成制度环境，制度环境对体系中各主体具有强制、指导、引导等作用。除了现有政策与制度，文化金融还应形成文化产业保险、文化产业信托等各个细分领域的专门政策和制度设计。尤其是推动知识产业制度和各层级机制的形成是文化产业制度供给的重中之重。只有以知识产权为核心的价值评估和交易体系完备，文化产业无形资产和产品本身的金融价值超过实物资产的金融价值时，文化产业金融生存方式才能真正形成。

第二，金融资本与产业资本充分融合，并形成立足于产业的产业组织体系。政府不能代替市场，要形成完善的产业金融运行体系，还必须依靠市场和组织的力量。金融资本的作用虽无可替代，但是产业资本更不可忽视，各类产业组织也应充分发挥作用。

---

① 高书生. 如何认识文化产业[N]. 人民日报，2013-03.

产业金融的形成，需要产业资本通过参股、持股、控股等方式对产业金融进行内在融合。产业资本通过投资金融机构进行金融活动，降低和防范各种贷款风险，保证资金的安全运行。企业财务公司是产业资本进行产业金融的重要形式，如2014年成立的湖南出版投资控股集团财务有限公司[①]和更早于2012年成立的深圳华强集团财务有限公司。产业资本的这种趋势，慢慢催生一种通行的融资解决方案，形成一种产融结合模式。

第三，形成以资产为中心的、覆盖产业链、供应链和价值链的体系。经过多年发展，文化产业中的主要行业形成了基本的产业链，横向之间也形成了一定的共生关系。资本不仅要关注产业链，还要关注供应链和价值链，使各个节点的融资、信用、风险、价格、增值的各种金融需要得到满足，金融服务产品通过传统手段和现代互联网手段（如在线供应链金融）贯通，并形成一个运作规范的系统，这就是所谓"链性覆盖"。

第四，形成特有的产业金融生态环境和生态文化，形成创新的金融工具和以产品为特点的独特金融生存方式。产业金融生态形成，一是文化金融聚焦于文化内容生产；二是政府推动的各类金融专门部门或专业机构和民间文化金融机构共存，并形成良性运作环境；三是文化产业能够不依赖外部力量进行部分特殊产品

---

① 被认为是全国文化企业首获金融牌照的湖南出版集团财务公司经中国银监会批复于2014年5月6日成立，注册资本为10亿元，业务范围包括财务和融资顾问、信用鉴证、交易款项收付、经批准的保险代理业务、对企业成员单位提供担保、吸收存款、办理贷款及融资租赁、同业拆借等。

的自我生成,如文化融资担保产品设计,互联网文化金融产品设计等。

第五,形成以内容生产为中心的产业金融形态。文化产业之中行业较多(按国家统计局分类有十大类),业态特性差别也较大,文化产业金融的产业特性主要体现在文化产业的核心层——内容生产行业中,形成以内容生产为中心的产业金融形态。而对非内容行业(如文化用品、装备制造)的金融服务则与其他产业金融趋同,不具备文化产业金融的典型性。

关于文化金融研究的几点思考[①]

2010年以来,尤其是2014年以来,文化金融不仅成为产业界"热词",也开始成为前沿性的研究领域。人们为什么如此关注文化金融?我想主要有这样几个原因:一是国家文化发展在综合国力建设中越来越重要;二是文化产业规模越来越巨大;三是文化与其他产业的相关性越来越强。所以,加强文化金融研究是极具必要的。

---

① 2017年5月,国家金融与发展实验室、中国文化金融50人论坛共同编撰并出版了我国第一部文化金融蓝皮书《中国文化金融发展报告(2017)》。2017年7月7日,国家金融与发展实验室举办智库讲坛(2017第10期),就文化金融蓝皮书的相关内容进行了专题研讨,本文根据作者在会议上的演讲稿整理,首次发表于"梅花与牡丹文化创意基金会"公众号。内容有调整。

1. 坚持文化金融研究的科学与规范

虽然学界对文化金融这一领域有了一定共识，但共同的话语体系仍有待建立。如何坚持文化金融研究的科学性，应主要包括以下方面。

一是处理好文化与金融的关系。文化金融是基于文化生产领域的金融服务和资本市场体系，如何服务于文化生产（与再生产）是文化金融研究的基础。就这个角度而言，我们对文化金融领域中的虚拟经济部分一直保持审慎的态度。在文化与金融的关系中，文化是特性，金融是共性。忽视了文化或文化产业的特性，文化金融就失去了灵魂；忽视了金融的共性，文化金融就失去了基本规则。文化金融本质上还是金融服务业，而不是文化行业，如果文化金融可以作为统一的产业来进行统计，绝大部分是计入金融业的。

二是明确文化金融研究范畴，在文化产业金融的基础上适度扩展边界。文化金融作为一个交叉研究领域，涉及的学科门类比较广，涉及的要素和因素也比较多，做个可能不恰当的类比，这不会是一种层次分明且稳态的系统，而是一种耗散结构的开放系统。但是作为一种研究，还是要有边界、要有前提、要有假定、要有共同的语境。我们比较倾向于以文化产业金融为基点进行分层，向内为内容产业金融，向外包括文化事业部分的金融服务。在文化产业界定上，因为有统计意义的文化产业、大文化产业（文体旅）、泛文化产业等视角，所以在文化金融的研究中都需要明确界定。

三是坚持金融工具和文化产业两个视角的研究路径并行。从当前看,"从金融到文化产业"和"从文化产业到金融"是最现实的两个研究路径,并行不悖。不管哪一种路径,当前都亟待经济学家和金融学者的积极参与。以往,由于历史和现实的原因,经济学界参与文化金融研究的学者一直较少,好在这种状况正在发生令人欣喜的改善。

2. 坚持文化金融研究创新,关注产业实践

文化金融本就是中国独创,文化金融研究是一项开创性工作。文化金融研究是随着我国文化产业发展和相关政策推动而兴起的,具有极其鲜明的中国特色,我们用"Culture Finance"来作为英文术语。虽然国际上有很多文化金融方面的成功经验,但多是分属于个别领域,如艺术品金融、电影金融等。从这点上看,要构建文化金融这个高位的研究体系,几乎没有更多经验可以借鉴。因此,文化金融研究要结合我们的实际,积极探索,勇于创新。作为学者从事的一个研究领域,有大量的创新性工作要做,如果作为一个大学教学体系中的专业方向或专业课程呢?那可能除了创新还需要严谨扎实的工作。我们正在做这方面的工作,已经开始着手编写作为大学文化产业管理专业学生使用的文化金融教材。

文化金融研究应与产业实践紧密结合。研究往往是落实于产业实践的,这一点在创新加速时期尤其明显。2016年,我们关注了众筹、IP(知识产权)和区块链三个前沿性的现象级的课题。

2017年有所扩展,包括区块链的金融科技成为热点话题。金融科技必将对金融与资本市场体系必将产生深远的影响,也势必对文化金融发展产生巨大的促进作用,所以需要时刻关注这些产业实践。

另外,还需要关注如下几个前沿问题和基础性工作:文化产业资产证券化、资产管理与文化产业、文化金融体系风险管理、文化资产评估、文化企业征信、文化金融信息与市场指标体系等。

3. 坚持文化金融研究与国家战略相结合,兼具国际视野

需关注"推动文化产业成为国民经济支柱性产业"这个战略性问题。2016年,我国的文化产业增加值为 30 254 亿元,GDP（国内生产总值）占比为 4.07%。从统计上,"十三五"末期文化产业一定能成为我国国民经济支柱性产业,即 GDP 占比达到或超过 5%。然而,这个支柱能不能站稳,是个问题。如果不能与国民经济体系融合、不能与资本市场融合、不能与国际文化产业体系融合,我认为这个支柱是站不稳的。这其中,推动文化产业与资本市场的高度融合更为紧迫。

需关注文化产业供给侧改革问题,关注战略性产业和文化科技创新。文化产业供给侧改革是不是伪命题?如果不是,则不能仅仅关注文化产品本身,还要关注制度供给。文化金融研究能做什么呢?就是通过文化金融推动中观层面的文化市场规则的完善,推动产业精神的培育。与资本市场融合度较高的行业,自律性与

市场规则都比较成熟。供给侧改革的另一方面，文化金融要关注战略性产业和文化科技创新。根据《"十三五"国家战略性新兴产业发展规划》，数字创意产业成为五大战略性新兴产业；2020年文化部据此又出台《关于推动数字文化产业发展的指导意见》，强调以供给侧结构性改革为主线，加强原创能力建设，推进文化创业创新，促进产业融合发展，培育新型文化业态。文化金融实践中，各类资本对文化科技类企业和项目投入在总投入占比中预计超过60%，文化金融研究者在这方面也要多多研究。

要关注文化金融与"文化走出去"的关系，发挥文化金融在推动"一带一路"愿景与行动及国际文化合作中的作用。法国学者马特尔在《主流——谁将打赢全球文化战争》将关注重点放在娱乐行业，虽然延续了《文明的冲突》的思维，但提出了全球视野下文化主体必须面对的命题：谁将成为文化主流？显然，我们在"一带一路"愿景与规划中采取了与《文明的冲突》不同的另一种文化思维。不过，我们也看到，在我们周边，西方文化的传播都是通过强大的资本长期支撑的，而且几乎已成铜墙铁壁，所以"一带一路"中的文化传播也不能缺少资本的力量。而且，仅仅依靠国家资本是不够的，范围受限且效率不足。文化产业是文化软实力中的硬实力，在"一带一路"愿景与行动中，如何通过文化金融让我们的文化产品真正"走出去"，值得我们高度重视。

文化金融的理论视野与研究路径[①]

1. 文化金融是中国的一种创造

文化金融是在我国社会主义市场经济建设和文化事业大发展的生动实践中应运而生的鲜活概念，具有很强的现实性和时代感，其内涵大体指向基于文化生产领域的金融实践活动。2006—2014年，文化金融是以"文化产业投融资"和"金融支持文化"的形态存在的，包含了文化产业投资和部分与传统金融机构有关的文化产业融资领域。2014年《关于深入推进文化金融合作的意见》出台后，"文化金融"不仅开始作为"文化金融合作"的缩略语，也开始作为专有名词出现在政府文件中，如2014年后财政部关于"文化产业发展专项资金"申报的通知中表述为"巩固文化金融扶持计划"。

将文化金融作为一种独立的研究范畴是中国的一种创造。从研究角度上，文化金融作为专有概念在学术界的出现是早于政府文件的。学界在近几年加快了研究步伐，也出现了一些专门机构和智库。文化产业智库的学术性活动都将文化金融作为重要内容之一，一些专业性金融会议或专门性金融组织也开始关注文化金融，直接使用"文化金融"概念而不是"文化金融合作"或其他。

[①] 本文节选自金巍、杨涛、董昀《中国文化金融发展报告（2017）》之总报告《我国文化金融发展：研究与实践》。内容有调整。

金融界对文化金融的关注，不仅有利于加强文化与金融界的沟通和融合，更有利于构建文化金融发展的共同语境。

在国际学术界，我们能够找到以艺术品金融、电影金融等文化金融具体业态为研究对象的论著，却难以找到冠以"文化金融"名称的文献资料，当然也就不可能存在以"文化金融"命名的学科分支了。这与文化金融实践在中国的风生水起形成了鲜明对照，也给我们讨论文化金融问题带来了理论逻辑上的困难。

金融属于经济学研究范畴。在经济学学术体系中，文化经济学是一类特殊的学科分支，亦有国际文化经济学协会等学术组织和《文化经济学杂志》（Journal of Culture Economics）等代表性理论刊物。经过几十年的发展，文化经济学已成为较为完备的应用经济学学科分支。文化经济学发展至今，其研究范围急速扩张，已将文化与经济两者相互关联领域的大多数重要议题纳入其研究范围。已经涵盖范围主要有微观领域的文化产品的供给与需求、艺术家市场的供给与需求，中观领域的文化产业，宏观领域的文化与经济发展，以及政策层面的诸多专题。可以说，只要是与文化有关的经济议题，文化经济学都力图将其涵盖在内。不过，仔细阅读文化经济学的各种经典著作后不难发现，书中几乎没有与金融直接相关的议题，从中无法找到文化与金融的理论关联。这与金融作为现代经济体系核心的地位极不相称，也颇令人费解。

为什么金融与文化产业、文化产品的关系不被西方文化经济学研究者所关注？经过分析，我们认为答案并不复杂。在欧美等发达市场经济体中，艺术文化产业的发展自然也需要金融支持。

但文化产业的金融活动所遵循的规则和依托的制度与其他产业的金融活动是总体一致的，并无明显的特殊性，不必专门进行经济学层面的学理分析[①]。而金融市场作为市场体系的重要组成部分，其游戏规则由法律规定，无须政府过多干预，也无须在政策层面做专题探讨。简言之，文化金融问题不是无足轻重，而是不具备独特的经济理论含义和政策含义，不需要专门加以阐述。

2. 文化金融领域的研究成果与观点综述

西方发达国家与文化金融研究相关的主要文献集中于微观金融色彩比较鲜明的艺术品金融和电影金融这两个领域，而从文化产业整体上对文化产业与金融的关系问题则关注较少。

在艺术品金融方面，朱澄（2014）、黄隽和唐善才（2014）对西方金融学界的艺术品金融文献进行了比较全面的梳理和评析。国外文献研究表明，艺术品作为特殊商品的多重属性、艺术品的特性与市场制度设计的特殊性、艺术品投资的风险与收益分析等方面是西方艺术品金融的研究重点。研究显示，由于艺术品市场的有效性不足，收益率难以预测，所以不能直接将各种在其他市场已经成熟运用的金融工具应用到艺术品交易当中。有研究认为，艺术品的金融化渐成不可逆转之趋势，艺术品被改造成标准化的

[①] 这个结论本意为在发达的自由市场经济国家中，由于没有整体规划的前提，基于文化产业整体性的金融活动规律性难以提炼，也就无法找到其特殊性。实际上，一些特殊性仍是可以找到的，比如文化资产的特性及其金融化问题。

金融资产，可将其作为标的物开展各类金融活动。

在电影金融方面，国外文献主要关注点有两个方面。第一，对各国电影产业投融资状况进行考察，发现投融资体制的健全程度与电影产业的发达程度呈现正相关关系，阐明了发展电影金融的重要性。第二，更多的文献旨在研究电影金融的各种具体运作模式的特征与利弊，并在此基础上分析电影产业与金融资本不断融合的经济动因和其经济后果。就目前的情况看，美国电影创作者的主要融资渠道包括制片公司提供资金、发行商融资、代理融资、终端客户融资等（DiGregorio，1998）。

值得一提的是，中国在20世纪20年代就开始关注电影金融问题。1926年《银行周报》杂志刊发的《美国之电影金融》一文开创了中国电影金融研究的先河。在此前后，有关美国电影金融的翻译文章和介绍性文章大量涌现，与民国时期比较活跃的电影金融实践相映成趣。然而，由于战争和制度变迁等原因，电影金融的相关讨论中断了半个多世纪，直至21世纪初才再度兴起。

国外艺术品金融和电影金融文献研究对我们具有很强的借鉴意义，尤其是对以产业分业为维度的文化金融研究。我们既要对一般市场的运行规律有清醒认识，又要对文化产业和文化市场的特性进行深入分析，方可准确把握文化金融市场的运作机理。

但是，正如前文所述，文化金融是中国的一种创造，是与我国文化产业的发展和产业政策紧密相关的，其研究范围并不拘泥于艺术品金融和电影金融这两个领域。文化金融作为一个整体来研究已经变得非常必要。近年来在我国文化产业大发展和文化金融实践日趋活跃的背景下，文化金融方面的文章和书籍大量涌现。

我国学者的早期研究，主要集中于解决融资难问题。2010年后学者开始对"金融如何支持文化产业发展"问题进行了大量的分析。刘玉珠（2011）对中国金融支持文化产业的现状进行了深入分析，并提出为了促进文化产业大发展，必须实现文化产业政策与金融政策相协调，文化产业投融资体系与金融市场规律相适应的观点。王宪明（2011）分析了金融支持文化产业发展的内在机理，从系统整合文化产业链、促进金融与文化创意产业有效结合等六个方面提出了政策建议。

随着文化金融作为专有概念成为可能，学者对"什么是文化金融"进行了解读。蔡尚伟、钟勤（2013）认为，文化金融是指发生于文化资源的开发、生产、利用、保护、经营等相关活动中的所有金融活动。所有与文化产业、文化事业相关联的金融业务都是文化金融。西沐（2014）认为，文化金融不是简单意义上的文化产业与金融业的融合，而是指在文化资源资产化、产业化发展过程中的理论创新架构体系、金融化过程与运作体系、以文化价值链构建为核心的产业形态体系及服务与支撑体系等形成的系统活动过程的总和。文化金融具有资源的新颖独特性、价值链条的独特性、成长机制的特殊性、动力机制的高端性、业态聚合力的融合性等特质，文化金融的根本是发现并整合价值。金巍（2015）认为文化金融是指在文化领域（包括文化产业和部分文化事业）宏观、中观和微观层面形成的多元资本市场集合体。从产业金融视角上，文化产业金融是文化金融的高级形态，一个完善的文化产业金融运行体系是紧紧围绕文化产业的创作、生产、传播和消费等各个文化再生产环节形成的独立运行系统。这一系统形成的重要标志在于：制度供给是否具有系统性，制度环境是否有利于产业发展；产业内的各类资本能否高度参与产业金融；金融服务是否形成链性覆盖；是否生成独特的金融生态与文化等。

进一步，学者对"如何发展文化金融"进行了深入分析。金巍（2015）认为发展文化金融的根本意义是促进文化产业创新，提出在文化金融体系建设主体上应发挥民间资本、产业资本和产业园区的特殊作用。魏鹏举（2016）提出，要以国家文化产业发展战略为宗旨，通过政府的扶持引导，发挥资本市场的积极作用，建构中介发达、风险可控、富于创新的多元多层次文化产业金融支持体系。杨涛、王斌（2016）认为，面对多元化的文化发展需求与金融创新特点，需要打造多层次的文化金融服务体系，包括文化金融、文化事业金融和文化产业金融三个层次。发展文化金融，可以从金融服务对象、金融服务主体、金融服务功能和金融服务环境四个方面认识文化金融的发展思路。

随着我国文化金融实践的日益丰富，与之相关的研究也进一步深化，如结合文化产业特性的金融创新研究、从文化企业角度研究文化金融等。

3. 关于文化金融研究的主要观点

文化金融表现了"文化"与"金融"的一种特殊关系。正如文化经济学虽然覆盖范围日益扩大，但其最核心的部分还是文化产品与服务的供给，文化金融涵盖的范围也要聚焦于文化产品市场的演进和文化产业的发展，过于宽泛不利于共同研究语境的构建。所以，对文化金融研究做一些基本界定是必要的。

第一，文化金融基于文化生产领域进行资本要素配置并实现金融功能。结合国际通义和我国对金融范畴一般界定，文化金融可以理解为通过金融工具、市场和机构，实现文化生产领域资本要素配置和金融功能的运行体系是基于文化生产领域的金融实践活动。"文化"的外延是弹性的，主要界定于"文化产业"，向内特指"内容产业"，向外指与"文化生产"相关的所有范畴。我们在此关注的文化与金融的联结方式是金融支持文化产业的发展和文化产品的供给，文化生产既包括市场主导的文化产业发展，也包括政府主导的公共文化产品和服务供给，前者为主，后者为辅。因此，将文化金融界定为"基于文化生产领域的金融实践活动"是比较适当的，这一界定并不涉及"金融文化及金融伦理"等范畴的研究。

第二，文化与金融的关系中，金融是本质，文化是特性。正如同文化经济学本质上是一门经济学，文化金融本质上是一种金融研究领域，需要遵循其基本规律性。一方面，文化金融研究要与文化生产的特性紧密结合，尤其要关注内容生产领域。文化装备制造企业以重资产为抵押做银行贷款等形式，在本质上不具备文化金融的典型性；另一方面，要深入研究金融工具和金融功能问题，从金融中介、金融市场和金融基础设施建设、金融政策环境等方面审视文化金融的发展路径，应紧密结合金融领域焦点问题来探索文化金融，如资产证券化、资产管理、风险管理等。

第三，文化金融研究应与文化生产和产业实践紧密结合。由于艺术品金融等领域将文化产品本身金融化，曾令人对文化金融的范畴和功能产生误解。专注于文化产品的金融化造成只有能够金融化的文化产品才受到关注，而不关注文化生产本身。另一种脱离文化生产的文化金融现象是自循环的资本游戏，人们不关注如何服务于文化生产，只关注短期收益和如何制造泡沫并从中获利。然而，文化金融的根本目的是要促进文化发展和产业创新，如同金融与产业相生相伴一样，文化金融也要与文化产业结合，只有为文化生产服务的文化金融才具有典型性。文化产业是个产业群，细分行业各有特点，产业实践丰富多彩，文化金融研究应时时关注直接服务于文化生产的产业实践，追踪实践，关注需求，发现规律，积极提炼。

4. 关于文化金融研究的分类和研究路径

文化金融是一个多层次、多视角的研究领域，金融学家、经济学家、文化学者和文化产业学者对文化金融有不同的认识角度。由于金融工具和金融功能的不同，以及文化生产（及文化）的含义的不同，所以形成了不同角度的文化金融分类，在研究上也有不同路径。本报告的研究框架，就是从金融视角、产业视角、新技术视角、市场与基础设施视角等几方面展开（见图1.1）。当然，由于研究数据与储备的不足,相关部分还需在今后的年度报告中加以完善。下面结合文化金融的分类梳理,明确了文化金融研究的基本路径。

第一,金融工具视角的研究路径。金融的本质是进行跨期资源配置,通过各种金融工具实现金融功能。从金融工具角度,文化金融可分为债权类文化金融、股权类文化金融、风险管理类文化金融和互联网文化金融四类。金融工具与金融市场和资本市场紧密相关,不同的市场具有不同的工具,这是以金融工具为主线,反映与文化产业各个行业的服务关系。

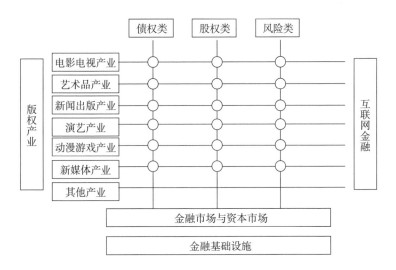

图 1.1 文化金融分类框架示意

债权类文化金融表明债权工具,即银行信贷、信托、融资租赁、债券市场与票据市场等,是如何服务于文化生产的;股权类文化金融包括场内市场和场外市场的股权投融资,交易所、证券公司、股权投资基金等各类主体是这一领域的主角,投资模式与交易模式也五花八门;风险管理类文化金融主要包括文化保险和文化担保等。互联网文化金融是互联网金融服务于文化生产的形态,是以大数据、云计算、区块链、人工智能等技术为支撑的金融服务手段。互联网文化金融是特殊的类型,是金融工具互联网化与互联网技术生成新金融工具的混合形态,也是金融工具的横向整合平台。

从金融工具角度对文化金融的纵向分类研究是从金融到产业的研究路径,进一步地,还需要研究不同类型的金融市场和资本市场,研究文化金融体系构建中的基础设施问题。这个路径使我们能够准确掌握金融的本质和规律,能够比较清晰地把握文化金融发展和变革中的关键所在。

第二,文化产业分业视角的研究路径。基于产业的文化金融研究本质上是文化产业金融研究,是产业金融的一种类型,所以要认识产业、分析产业,以文化产业特性作为研究的突破点。从文化产业分业视角来看,逻辑上有多少种分业就有多少种文化金融业态。这是以某一特定产业(或行业)为主线,反映与各种金融工具和资本市场的关系。从文化产业分业的角度出发的文化金融,是从产业到金融的研究路径,可以使我们更好地掌握产业特性,但过于强调文化产业的特性而忽视了金融的本质,也是不符合经济规律的。

国家统计局将"文化及相关产业"分为两大部分、十大类[①]，从文化及相关产业分类上，内容产业是文化产业的核心层。所以服务于这一层次的文化金融是文化金融的核心层。就内容产业而言，文化金融的典型业态包括电影金融、艺术品金融等，另外与新闻传媒产业、出版发行产业、演艺产业、动漫游戏产业、新媒体产业等相关的文化金融都是比较有特色的领域。还有一些基于特殊产业类型的文化金融，如基于版权产业的版权金融，版权金融与文化产业金融有很大的交集；由于IP产业作为一种特殊的版权产业的兴起，围绕IP产业的金融服务和资本市场体系（IP金融）也值得关注。

第三，文化生产性质视角的研究路径。文化生产是满足精神需要的文化供给。基于我国文化建设的产业、事业两分法，文化生产除了文化产业部分还包括文化事业部分，文化产业与文化事业共同构成文化供给体系。所以还可以对文化金融进行如下分类：即文化产业的文化金融和文化事业的文化金融两类。从提升文化国力和整体文化竞争力的角度上，研究不同性质的文化生产是有特别意义的。

文化事业的文化金融虽不具有典型性，但在宽泛的意义上也属于文化金融的一种类型。随着事业产业化和企业社会化的趋势日渐明显，"文化产业"和"文化事业"的界限必将越来越模糊，

[①] 2018年国家统计局发布《文化及相关产业分类2018》，调整了统计分类，文化及相关产业分为九大类。

所以这个层面的文化金融是值得关注的。

另外,从微观领域的特定产业实践出发研究文化金融也是一种重要的研究方法。研究往往是滞后于实践的,遵循文化金融研究与产业实践紧密结合的原则,深入研究追踪微观领域产业实践是较好的研究路径。近年来,IP、众筹、区块链等风生水起,IP贯穿于内容产业的各个方面,为文化金融提供了独特的产业视角,众筹为文化金融提供了多层次资本市场构建的新思路,区块链作为金融科技和文化科技的完美结合,为文化金融的新经济模式提供了全新视野。这些微观领域无不显现了文化金融的重要命题,因此,见微知著,从微观到宏观,需要注重调查,研究案例,从中发现文化金融的规律。

警惕文化金融发展中的"虚拟经济"[①]

2017年以来,我国金融改革进入新的历史时期。根据党的"十九大"和全国金融工作会议精神,当前我国金融工作主要包含三大任务:一是增强金融服务实体经济能力;二是健全金融监管体系,守住不发生系统性金融风险的底线;三是深化金融改革。在新的背景下,需要正确认识金融如何服务文化实体经济[②]问题,尤其要正确认识文化金融发展和虚拟经济的关系问题。笔者认为

---

① 本文原载于《中国文化报》,发表时间为2018年10月13日。内容有调整。
② 文化实体经济是指实体经济中的文化经济部分,是以文化产业为主体的经济形态。

可以从三个方面认识这个问题。

第一,要认识文化金融的根本目的是服务于现代文化生产。虚拟经济源自货币经济概念,是指实际生产领域之外的货币交换形成的经济形态,与实体经济对应。从货币经济这个角度上的虚拟经济是一种经济分析方法,是价值产生和计量问题,不具价值判断。虽然货币经济不直接产生生产价值,但不意味着其脱离实体经济。从历史上看,金融源于生产,兴于商业,盛于现代产业发展,一直都与社会生产紧密相关。文化金融是立足于文化生产的金融服务与资本市场体系,包含与文化生产相关的金融工具、金融机构、金融市场、基础设施及相关监管制度,是服务于现代文化生产和文化实体经济的,必须与文化生产紧密结合。

因此,警惕文化金融发展中的"虚拟经济",要认识金融、货币经济和虚拟经济之间的关系,以及认识金融并非因"虚拟经济"之名就必然脱离实体经济。由此,不能因为货币经济的虚拟性而否定文化金融的价值,文化金融作为现代金融业的有机组成部分,并非必然脱离文化实体经济,能服务于现代文化生产才是根本目的。我们现在所说的"虚拟经济"不是金融本身,而是指现代金融业发展中的过度虚拟化问题。

第二,要认识到过度虚拟化同样制约文化实体经济发展。现代金融业是货币经济的主体部门。虽然以人们所诟病的"虚拟经济"完全指代现代金融业是牵强的,但必须警惕现代金融业中的过度虚拟化问题。虚拟经济是实体经济发展到一定阶段的产物,是金融与资本市场在为实体经济服务当中衍生的,具有一定的合理性,不过这种合理性是有边界的，超过边界就是"过度虚拟化"。当货币经济中的很多资本不是直接产生价值，而是根本与社会生产无关，人们就会质疑"虚拟经济"本身的合理性。

文化产业是实体经济的一部分，金融发展过度虚拟化的现象对文化产业发展同样会产生重大影响。资本完全在机构与机构之间流转，"钱生钱"形成闭环，几乎不流入实际生产领域，利用金融工具和政策效应，形成巨额财富。这会导致劣币驱逐良币，甚至引发多数"良币"资本的投资理念转化为"劣币"，不仅制约了文化产业的资本供给，更制约文化实体经济发展。

第三，要警惕文化产品"过度金融化"与"过度投机"问题。文化金融中的过度虚拟化有其自身的特点，需要警惕文化产品的过度金融化问题。金融化的负面效应是价格脱离实际价值。尽管大多数资产具有一定的金融属性，但这不意味着产品可以无限制地金融化。以全面炒房为特征的房地产市场是一种被过度金融化的市场，已经给了我们警示。在文化产业中，艺术品份额化交易和"邮币卡电子交易"是将产品过度金融化的典型。不以生产为目的，专门从事炒作，数万亿社会资本进入邮币卡交易，以快速套利为根本目的，完全无助于任何文化生产，而通过基础设施建设为这些"虚拟经济"提供支撑则危害更大，要警惕这种问题死灰复燃。

要警惕当前文化金融发展中的过度投机问题。在万家文化事件中，以少量资金高杠杆撬动30亿元资金进入市场，不仅仅是扰乱市场问题。近年来，一些上市文化类企业相关的过度投机行为屡被调查，与文化产业相关的并购、跨界定增等一直受到监管层关注。在资本市场上，文化产业发展过程中，少数产品的成功带来"羊群效应"并由此带来潮流化的非理性投资，是一种整体产业的"非理性繁荣"。大部分资本不是专注于长期投资收益，而是关注利用资本杠杆短期套利，投机主义盛行，市场预期的狂热导致资产价格被一再高估，当价格发生大幅回调，市场就会迅速衰退甚至崩溃。这种泡沫化的经济不仅意味着极大的投资风险，也意味着对整体产业的伤害。同时，文化金融领域的虚假创新、资本泡沫现象，其背后隐含着各类扰乱文化金融秩序的灰色活动，因此亟须加强反洗钱金融监管和信用约束。

总之，我国的文化金融发展总体上是良性的，但一定要警惕文化金融中的"虚拟经济"即过度虚拟化问题，强化资本服务于文化生产的产业发展理念，推动我国文化金融事业的良性发展。

文化金融的"天职"：服务文化生产[①]

近十年来，我国文化金融的持续发展，市场规模也在不断扩大，体系日渐成型，但在具体发展中还存在很多问题。需要坚持和明确的是，发展文化金融的根本目的是服务文化生产，这是文化金融研究和实践的基础，没有了这个基础，文化金融真正的价值将荡然无存。文化金融要服务文化生产，这是由文化生产的重要性决定

---

① 本文原载于《当代金融家》杂志2019年第6期。

的，也是金融的基本功能使然，更是国家金融改革的必然要求。

1. 文化金融要服务文化生产，是由文化生产的重要性决定的

首先要说明的是，这里的"文化生产"是一种政治经济学意义的概念，即社会生产的一种特殊形式。文化生产不仅包括文化产品的生产（狭义的文化生产），同时包括文化产品的流通、传播、消费等环节。学者高书生也将这个过程称为"文化再生产"，是对应社会再生产的概念。金融要服务文化生产是由文化生产的重要性决定的。

首先，文化生产是一种精神生产，本质上是生产力和生产关系的反映。在社会生产中，精神生产往往容易被忽视，但与物质生产一样，精神生产也是社会生产的重要组成部分。马克思从生产的一般规律出发，将宗教、道德、法律、艺术等"特殊的生产方式"称为"精神生产"，将物质生产和精神生产相区分，认为社会生产包括物质生产和精神生产两种。这是我们研究文化生产的重要理论基础。作为精神生产的一种形式，文化生产的目的是为了满足人们精神生活的需要。同时在经济基础与上层建筑之间的关系中，文化生产也是构建上层建筑的需要。文化生产的本质是一定历史阶段生产力和生产关系的反映。由于文化生产的重要性，各国政府都投入了巨大的资源，当然也包括资金的投入，只不过不同历史阶段的投入方式有所不同。

其次，文化生产在新时代具有更深远的历史使命，更需要金融

体系的支持。文化生产表现为一个国家的文化发展水平,在国家战略中的地位日益重要,不仅关系到国家文化竞争力和软实力建设,更关系到文化安全问题。我国社会发展已经进入新的时代,在新时代,文化发展又具有更深远的历史使命。我国社会主要矛盾已经转化为"人民日益增长的美好生活需要和不平衡不充分的发展之间的矛盾",文化生产在其中应负担起更大的责任,发展文化金融只有立足于促进文化生产的这一历史使命,才能有更大的现实价值。

除了文化生产重要性这个前提,金融服务文化生产还需要文化生产的经济形态基础,即文化产业基础。在我国,发展文化产业兴于改革开放之后,2003年文化体制改革启动以来,文化产业得到飞速发展。文化的工业化、企业化生产成为文化生产的重要方式,能够与金融的功能契合,金融在文化生产中的作用也渐渐体现出来,这是文化金融能够以服务文化生产为根本目的的逻辑起点。由于我国的文化事业主要由文化财政支撑,所以我国的文化金融服务文化生产主要指要服务文化产业发展,提升文化产业的文化生产水平,从而提升全社会文化发展水平。

2. 文化金融要服务文化生产,是金融的基本功能决定的

金融作为一种独立的产业形态,是随着商品经济的产生而产生的,也是为了服务企业运营和经济发展而产生的,如证券交易所的产生。尽管现代金融已经成为一种极其复杂的体系,但资金融通、风险管理、价格信号、清算结算等基本功能均没有变化,这些基本

功能都是服务于企业、市场和经济的。"为实体经济服务是金融的天职"①，否则金融不能称其为金融。虽然有时财富管理也被当作金融的重要功能，但这是一种衍生功能，并不能代表金融存在的根本价值。同样，离开文化生产，文化金融的意义也不复存在。

金融的基本功能在文化企业、文化市场和文化经济发展中发挥着重要作用。结合金融基本功能，从宏观上看，文化金融应发挥如下几个方面的作用。

第一，发挥资金融通和风险管理等基本功能，促进文化产业发展。金融体系的首要功能是资金融通，能够实现资本在盈余部门和短缺部门之间进行调剂，促进资本的利用效率。资金融通是近十年来金融体系能够为文化企业提供的最重要的服务，其中信贷市场仍旧占主要地位，其次是股权投资市场、债券市场等。风险管理是金融的另一大基本功能，金融体系为投资者和融资者提供了风险管理的途径，其主要方式和工具包括保险、担保和金融衍生工具等，以此来应对文化金融活动中存在的信用风险、市场风险和流动性风险，同时应对文化企业要面临的各种风险。通过风险管理能够优化文化金融秩序，提升文化产业企业经营状况，促进文化金融稳定发展。

第二，促进文化产业结构调整，促进文化供给和文化消费。构建现代金融体系的基本内涵，是构建一个能够为实体经济发展提供全方位、多层次、高效率的金融服务系统，这个系统在发挥

---

① 引自习近平在2017年全国金融工作会议上的讲话。

金融基本功能的基础上，还能为一国的产业结构优化和经济系统优化提供服务。发展文化金融，不仅要有效解决文化企业融资和风险管理等基本问题，还要为文化企业提供综合服务，帮助文化企业整合产业链上下游文化企业、政府、金融机构等资源渠道，推动文化企业的技术创新和组织创新，最终促进文化产业结构调整。同时，发展文化金融不仅可以通过制度供给，引导金融资源投向重点文化企业、文化项目及文化工程，而且对文化产业供给侧改革、文化产品供给也具有推动作用。文化金融可以通过开发文化消费金融产品，促进文化消费，直接刺激文化消费增长。

第三，推动文化贸易发展及国际文化产业合作。金融要服务四部门经济中的国际进出口。近年来，文化产品贸易在国际贸易中的地位日益受到文化大国的重视。同时，要融入国际经济体系，不仅要扩大文化产品进出口，还要强化国际竞争力，努力占据文化产业国际分工的优势地位。发展文化金融，一方面可以通过增强国内文化企业实力来间接增强我国企业的国际竞争力，另一方面，可以直接对文化贸易及国际合作的金融服务直接支持文化企业。我国一直鼓励文化"走出去"，也正在推动"一带一路"愿景与行动，这就需要金融部门开发相应的文化金融服务模式，由此实现文化金融价值。在当今中美贸易摩擦可能导致世界政治经济格局巨变的严峻形势下，金融如何支持文化贸易及国际合作显得尤其重要和紧迫。

3. 文化金融要服务文化生产，是我国金融改革的必然要求

近几年，我国金融工作的主要任务是深化金融改革、服务实体经济和防范系统性金融风险。我们将实体经济中的文化经济部分称为文化实体经济。在新的金融改革形势下，发展文化金融需要服从改革大局，在防范金融风险的同时切实服务于文化实体经济发展。

第一，持续防范相关金融风险，引导金融资源切实流向文化生产领域。金融风险的很大一部分成因来源于资本脱离服务实体经济的目的，形成复杂的层层设计的自循环资本游戏。因此，防范金融风险与服务实体经济是紧密相关的，服务实体经济首先要防风险。我国在文化金融领域的风险防范主要有三个方面。

一是遏制文化金融"过度虚拟化"。利用文化概念的资本炒作和自循环的资本游戏是虚拟经济的过度化，也是文化金融脱离文化生产的典型现象之一。由于资本市场巨大利益的诱惑，在文化企业并购、重组中，一些资本机构和拥有特殊文化资源的文化企业蓄意拉高企业估值和股价，人为制造资本泡沫。

二是防止文化"过度金融化"死灰复燃。由于艺术品、版权等文化资产具有一定的金融资产属性，所以被一些机构无限放大，形成了文化的"过度金融化"。我国在艺术品金融等领域常有一些有争议的尝试，如艺术品份额化、邮币卡电子盘等，这些金融化模式在吸引大量民间资本和个人投资者的同时，也孕育了巨大的金融风险，潜藏着极大的社会性隐患，事实上也发生了一些事件。

2011年后经过两轮各类交易所清理整顿，尽管"过度金融化"现象受到了遏制，但也有死灰复燃的倾向。

三是发展规范的互联网文化金融。互联网金融创新虽然显现了巨大的优势，但也暴露了很大的风险。金融改革将互联网金融领域作为防范金融风险的重点领域，刚刚兴起的互联网文化金融也受到较大的影响。2016年以来，P2P网贷平台、互联网众筹、"现金贷"、首次代币发行（ICO）融资项目等领域被严查整顿，其中一些事件与文化产业相关。主要包括P2P机构借助文化类债权项目或股权项目进行自融；众筹平台利用文化项目进行股权众筹时进行自筹、违规使用资金或冒用众筹名义进行非法集资；以投资文化项目名义利用互联网发行高回报理财产品进行集资诈骗等。

第二，按照深化金融供给侧结构性改革要求，强化文化金融服务，切实服务文化实体经济。2019年2月，习近平总书记在主持中共中央政治局第十三次集体学习的讲话中，提出了"深化金融供给侧结构性改革"的新要求。在此背景下，需要我们以金融供给侧改革为主线进一步推动金融改革，确保金融服务于实体经济和经济发展。在文化金融领域，如何贯彻落实新发展理念、"以服务实体经济、服务人民生活为本"也成为必须面对的重大课题。

在文化金融体系方面，需要推动供给侧改革的主要内容是文化金融产品专属化、机构专营化、市场专门化和基础设施专业化。鼓励银行等信贷机构、保险等风险管理机构结合文化生产及文化产品特点继续开发文化金融产品，形成文化金融专属产品体系；

鼓励金融机构成立专营化机构从事文化金融业务；在文化产权交易所转型发展、区域性股权市场"文创板"发展基础上推动文化金融市场的专门化发展。同时需要围绕文化资源、文化资产构建相应的专业化基础设施，包括文化行业信用管理、无形资产评估与管理、文化金融市场信息等体系。

在服务对象选择上，要结合国家战略需要和政策需要，为相关文化企业提供更好的金融服务。如文化产业中小微企业和民营文化企业；与乡村振兴战略、精准扶贫战略等相关的文化产业项目；创新型文化企业和创业型文化企业；具有基础设施意义的文化工程和项目等。

从产业金融视角认识和发展文化金融[①]

文化金融是以服务文化生产为"天职"的一种金融服务和资本市场体系，那么应如何切实服务文化生产呢？笔者曾在2015年出版的《中国文化金融合作与创新》一书中提出"以产业金融作为发展文化金融合作与创新的新视角"，认为与一般性的"金融支持文化"相比，文化产业金融是更高级的形态。这就是我们这里要讨论的"文化金融的产业金融论"。

---

① 本文原载于《当代金融家》杂志2019年第10期。

1. 可资借鉴的产业金融实践

产业金融是在金融实践中一步步发展起来的，其发展路径主要有这样几种形式：一是金融资本服务于产业发展的路径，这是以现有金融体系为基础经过一定程度的创新从而服务于特定产业的模式；二是金融资本与产业资本相互渗透和融合的路径，这种路径会形成一些新的金融机制；三是产业资本金融化，一些产业资本进入金融领域成为金融资本。目前看，第一种路径仍然是较为稳定的路径。

有学者在较早时期就研究认为产业金融是"依托并促进特定产业发展的金融活动总称"。当一个新兴的产业具备一定的规模之后，其对金融的需求会表现出行业性特征。一旦形成规模性需求，对金融来说就孕育了巨大的市场机会，产业金融的形成就有了基础。不过，产业金融也不完全是市场自发形成的，同时产业金融也是金融与产业发展、产业经济和产业政策的一种关系体现。这种关系在后工业化经济发展阶段和后发国家产业经济发展环境下体现的最为明显。

产业金融在我国兴起也是近二十年的事，"产融结合"的浪潮为产业金融提供了丰富的素材；而在2008年全球金融危机后，产业金融在我国得到了更多的关注，这从侧面反映了金融与实体经济关系的一种演进。科技金融、交通金融、汽车金融、房地产金融、能源金融等产业金融形态已经为我们提供了良好的范本。其中科技金融值得文化金融实践者和研究者特别关注的。

科技金融可溯源至在技术创新经济学中技术与金融资本的关系研究。经济学家熊彼特早在1939年的《商业周期》一书中就论述了技术创新如何需要依赖金融资本，而《技术革命与金融资本》的作者卡罗塔·佩雷丝在20世纪80年代更深入地研究了金融在"技术—经济范式"的转变中如何发挥作用。作为产业金融形态，科技金融是在高新技术产业和知识经济蓬勃发展中形成的，是金融服务于科技产业发展形成的金融服务和资本市场体系。在所有发展较早的产业金融形态中，科技金融与文化金融有极强的相近性和可比性，对文化金融具有更大的借鉴意义。

首先，我们可以观察到，科技金融与文化金融两者之间最主要的相近之处就是知识产权的特殊作用，科技金融关注的核心资产是专利权等知识产权，而文化金融关注的核心资产是版权等知识产权，这种资产特征决定了不同于其他产业金融的风险和收益特征。

其次，科技企业和文化企业在创业与经营中都更加灵活，不确定性也多，科技人才和文化人才主导的企业，与金融界之间都更容易形成信息不对称现象。

最后，科技产业与文化产业一样都有较大比例的中小微企业，遇到的融资难题也大体相同。我国的科技金融虽然还有很多难题需要解决，但毕竟比文化金融发展得早，涉及面广，积累了更多的经验，所以可以作为一个标杆，为文化金融实践提供良好的参考。

2.因何必须以文化产业为基础

文化产业不是文化发展的唯一组成部分,但为什么必须以文化产业为基础发展文化金融?简单说可概括为以下几个方面。

第一,产业化体现了经济属性,是金融能够参与文化生产的逻辑基础。从宏观上,金融与财政、税收等一样可以表现为一种经济调控工具,但在微观上,金融表现为一种市场和产业。因此,文化生产必须具有一定的经济属性,这是金融参与文化生产的逻辑基础。虽然基于传统的文化事业与文化产业两分法,服务于两个部分的金融都可以认为是文化金融的形态,但公共文化毕竟不是文化金融服务的主体,所以我们必须聚焦在文化产业部分。文化产业已经成为文化生产的主体部分,同时也是现代文化经济的主体部分。我们可以将基于文化产业这部分文化生产的文化金融称为狭义的文化金融,也就是"文化产业金融"。

第二,从产业金融视角发展文化金融是现代文化市场体系构建的必然要求。从 2009 年开始,我国政府出台一系列政策推动金融支持文化产业发展。党的十八届三中全会提出"构建现代文化市场体系"的重要战略任务,提出金融资本、社会资本和文化资源相结合的要求。我国的文化产业发展是以文化市场体系构建为基础的,也就是需要在文化产业发展过程中让市场发挥其决定性作用[1]。即

---

① 2020 年 1 月,国家统计局公布新的数据。数据显示,经核算,2018 年全国文化及相关产业增加值为 41 171 亿元,占 GDP 的比重为 4.48%,比 2019 年提高 0.22 个百分点。

便是我们强调文化产业的文化属性,强调要把社会效益放在首位,也不能否定以市场机制来构建文化生产体系这个基础逻辑。

第三,文化产业已经为产业金融模式提供了坚实的产业基础,同时也需要更专业化的金融服务。数据表明,我国的文化产业的规模已经为文化金融提供了广阔的舞台,但尚需更多的"舞者"。国家统计局数据显示,2005—2018年文化产业增加值年均增长18.9%,2018年我国文化产业实现增加值38 737亿元,占GDP比重已经达到4.30%[①]。在这个发展过程中,金融对文化产业规模的扩大提供了较大的支持,但是这个支持力度仍然是偏低的。根据相关机构的数据推算,总体上,我们在用不足于1%的金融资源支撑着一个4.30%的产业规模。而且,以往的文化金融还基本停留在"金融支持文化"的初级水平上,尚未实现金融资本、社会资本和文化资源的有效结合。简单的"支持"模式难以持久,机械地强调"融合发展"似乎也无法满足各方利益,所以推动以产业金融模式进一步服务文化产业是更优选择。

3. 如何推动形成基于文化产业的产业金融服务体系

从产业金融角度上,文化金融就是要形成有特色的工具、市场、基础设施体系以及相应的产业金融生态,以此来满足文化产业的复杂的特殊的金融需求,形成有特色的产业金融服务体系。

---

① 一个相近的命题是市场在文化资源配置中起何种作用,这目前是有争议的。

第一，需要切实认识金融和文化产业之间的关系，把握文化产业金融应用的重点领域和应用场景。文化金融是一个交叉性领域，需要在金融的一般性和文化产业的特性之间寻找平衡点。在产业金融视角下，一是要从金融角度分解工具、机构和不同的市场，分解不同的金融功能。二是要从文化产业角度上分析不同的产业分业特性和需求。在金融与文化产业纵横两轴形成的框架中，我们所面对的文化金融是这样一种关系：金融工具、机构和市场等金融体系要素与文化产业分业形成了很多节点，这些节点就是文化金融的基本内容。其中任何一个节点，都可能是一个比较典型的文化金融应用领域，例如电影产业保险、艺术品质押贷款、演艺产业资产证券化、传媒产业股权投资等，如果再进一步分析分解，可形成很多较为典型的应用场景。

第二，需要切实结合文化企业的资产、经营、消费等各方面的特点设计产品和服务方案。传统的金融服务方式已经无法适应新经济时代对金融的需求，也不能满足现代文化经济的发展需要。推动文化产业金融发展，需要结合文化产业和文化企业的特点。一是资产特点。资产是金融关注的核心问题，而无形资产与文化资产问题、文化资源及其价值体系问题则体现了文化产业最重要的特点。无形资产与文化资产的交集主要是版权，在实践中，版权质押融资、版权证券化、版权融资租赁、版权信托、版权保险、版权交易、版权资产运营等都是需要众多推动的文化产业金融领域。二是文化企业的经营特点，包括文化企业盈利模式、经营管理、治理结构、财务等方面，这些特征直接决定了如何设计新的金融产品和服务方案。三是结合文化消费的产业金融服务。有别于纯粹的物质消费，文化消费有其自身的特点，例如受心理因素和社会环境影响更大，所以需要结合这些评估风险。同时，产业金融不仅仅意味着服务于企业，还包括文化消费者，可以开发文化消费金融产品。

第三，需要结合文化产业链的整体和局部的各类需求，提供综合性的金融服务。文化产业金融服务文化产业，应能够支持文化产业创新，提高产业链运转效率，提高文化生产质量。在文化产品的创作、生产、传播和消费过程中，文化企业有很多金融服务需求，这种需求可能不是资金融通、信用管理、风险转移、价格信号、资产增值等基本功能的简单叠加。所以文化产业金融服务提供者应对产业链上各参与主体之间的关系和各自的金融服务需求进行分析。供应链金融也是一个提高产业金融服务质量的路径，产业金融应以核心企业为纽带提供供应链金融服务。综合性服务还体现在工具和服务方式的多样性上。以工具、机构、市场这三个金融体系基础要素为参照来划分，可以将文化金融分为债权类文化金融、股权类文化金融、风险管理类文化金融三大类。产业金融提供者应能够整合这些工具，同时能够整合信贷、债券、股权投资、保险、会计、信用评估、资产评估等多个不同类型的机构提供综合性服务。

第四，需要在统一的金融基础设施基础上形成一些自身独有的产业金融基础设施。相对成熟的产业金融服务应在总的金融体系下具有特定的工具、机构、市场和金融基础设施。现有的金融体系是在工业化时代形成的，金融基础设施也是如此。目前来看，传统的金融基础设施已经难以完全适应新经济发展的需要，就像传统体系很难创造出"支付宝"一样。类似地在文化经济发展的今天，与文化金融相关的一些有特色的基础设施也需要通过创新构建出来，如文化产业信用管理体系、文化资产评估和无形资产评估、文化数据和数字资产交易系统（市场或机制）。一些如文化产权交易所等具有基础设施意义的设计，应在金融科技革命趋势下实现重生。另外，文化产业金融服务需要相应的产业政策配套，也需要行业规则体系支撑，这一点在《文化产业促进法》出台后将得到坚实的法律保障。

第二章
文化金融政策

近年金融政策环境影响及文化金融政策深化[①]

2017年初至今,我国文化产业发展保持中高速增长,文化金融发展有调整、有突破,在宏观金融政策影响下呈现新的形态。2016年,文化金融进入创新与规范的平衡期,这种态势在2017年随着一系列金融监管政策出台而得到强化,2017年文化金融总体上特征是调整中发展,规范中突破。

1. 金融政策环境对文化金融的影响

金融是国家经济的命脉和枢纽,在促进国民经济发展和增强国际竞争力方面发挥着至关重要的作用。我国经济从高速增长阶

[①] 本文节选自金巍、杨涛《中国文化金融发展报告(2018)》之总报告《中国文化金融发展:新时代与新起点》。

段进入高质量发展阶段，金融发展也需要适应经济发展新形势。2015年以来，我国金融业出现的很多乱象引起监管层关注，如"三乱"（乱搞同业、乱加杠杆、乱做表外业务）等。在鼓励金融创新的同时，如何加强监管、防控风险必然成为重大的时代命题。

2016年，金融监管部门开始出台一系列政策，涉及信托公司风险监管、保险资管通道业务、商业银行理财业务、保本基金等领域；2017年金融监管更加趋紧，范围包括银行业"三套利"[①]、银行业"四不当"[②]、证券投资基金公司、证券期货经营机构、融资担保[③]、资产管理[④]、互联网金融、交易所、银信类业务等各个领域，涉及范围之广，文件密度之高，前所未有。

2017年7月，全国金融工作会议的召开与国务院金融稳定工作委员会的成立，标志着我国金融改革新时代的来临。从2017年"两会"上的《政府工作报告》到全国金融工作会议，金融工作主要涉及了三大主题：一是深化金融改革；二是增强金融服务实体

---

① 2017年4月，中国银监会发布《关于开展银行业"监管套利、空转套利、关联套利"专项治理工作的通知》（银监办发〔2017〕46号）。

② 2017年4月，中国银监会下发《关于开展银行业"不当创新、不当交易、不当激励、不当收费"专项治理工作的通知》，以进一步提升银行业服务实体经济质效，规范经营行为，维护金融秩序，防控金融风险。

③ 2017年6月21日国务院第177次常务会议通过《融资担保公司监督管理条例》，自2017年10月1日起施行。

④ 2017年11月，中国人民银行、保监会、证监会、国家外汇管理局印发《关于规范金融机构资产管理业务的指导意见（征求意见稿）》，由于资产管理涉及面较广，这一文件在金融界引起了广泛的反响。

经济能力；三是健全金融监管体系，守住不发生系统性金融风险的底线。

2017年10月18日，中国共产党第十九次全国代表大会在北京召开。习近平总书记在党的十九大报告中指出，深化金融体制改革，增强金融服务实体经济能力，提高直接融资比重，促进多层次资本市场健康发展。健全货币政策和宏观审慎政策双支柱调控框架，深化利率和汇率市场化改革。健全金融监管体系，守住不发生系统性金融风险的底线。

在深化金融改革、强化金融监管的同时，金融服务于实体经济、服务于"双创"战略等方面也在稳步推进，而金融的开放脚步也并未停止。2017年我国宣布进一步推动金融业大幅度开放，涉及证券、基金、期货、银行、资产管理公司、保险公司等领域。我国金融领域的大幅度开放与国际合作是大势所趋，其对文化金融的影响在未来五年内将显现出来。

由于文化金融与宏观金融政策环境的关系日益密切，宏观金融政策环境的变化对文化金融的发展也产生了较大的影响。尽管日益趋严的金融政策在客观上抑制了文化金融领域的创新，但总体上对文化金融发展是有利的。

第一，有效防范文化金融领域的金融风险，促进文化产业领域实体经济发展。2017年文化金融领域的风险防控既存在与整体金融防控衔接的部分（如资产管理、互联网金融等），也存在相对独立的部分（如文化产业资本市场的过度投机等）。对金融领域虚拟泡沫的抑制转向服务实体经济，事实上形成了对文化产业与文化金融发展极其有利的环境。2017年4月，中国银监会在其发布的《关于提升银行业服务实体经济质效的指导意见》提出：要积极创新有利于医疗、养老、教育、文化、体育等社会领域企业发展的金融产品，探索股权、收益权、应收账款以及其他合规财产权利质押融资，促进激发社会领域投资活力。

第二，抑制过度投机，促进文化产业资本市场回归理性。2016年以来，与文娱相关的并购、跨界定增等一直受到监管层关注；2017年，由于监管越发严格，文娱类上市公司再融资情况变得极为严峻。文娱类上市公司中，只有慈文传媒、奥飞娱乐两家公司的定增方案获批。2017年境内与上市文化企业相关的过度投机行为屡被调查，以万家文化[①]为典型。文化产业投资领域因过度投机而形成的风险被抑制，文化产业资本市场开始回归理性。

第三，限制对外非理性投资[②]，规范文化类境外投资行为。在2017年8月17日，国务院办公厅转发发展改革委、商务部、人

---

① 据媒体报道，2017年11月10日，上市公司祥源文化发布公告称，公司收到证监会行政处罚及市场禁入事先告知书，万家文化（已更名为祥源文化）、龙薇传媒等涉嫌违法违规案已调查完毕，依法拟对龙薇传媒、万家文化等做出行政处罚和市场禁入。

② 据商务部信息，2016年底以来，商务部会同国务院有关部门，在推动对外投资便利化的同时，加强了对外投资的真实性、合规性审查，非理性的对外投资得到有效遏制，对外投资结构进一步优化，涉及房地产、酒店、影城、娱乐业、体育俱乐部等领域的对外投资大幅下降。商务部数据显示，2017年前6月，我国境内投资者对境外非金融类直接投资累计投资额为481.9亿美元，同比下降45.8%。其中，文化、体育和娱乐业对外投资同比下降82.5%，占同期对外投资总额1%。

民银行、外交部《关于进一步引导和规范境外投资方向的指导意见》,部署加强对境外投资的宏观指导,引导和规范境外投资方向,推动境外投资持续合理有序健康发展。其中,房地产、酒店、影城、娱乐业、体育俱乐部等境外投资被列入限制开展的境外投资。2018年1月,"新闻传媒"出现在发展改革委《境外投资敏感行业目录(2018年版)》中,总体上文化类境外投资监管是越来越严格的。

第四,促进文化金融既定政策的深耕,夯实文化金融创新方向。2017年,虽然在国家层面上没有文化金融发展方面较大的政策举措,但各地方政府深耕现有政策潜力,而且有一些政策亮点。在监管趋严的背景下,将创新和变革的注意力放在一些早有定论的领域,而不是跟风炒作新的概念,应是近几年文化金融创新的主要方向。实际上,2014年《关于深入推进文化金融合作的意见》出台以来,该文件中的很多既定的政策在全国大多数地区还未发挥潜力,很多工作也并未真正落实,如文化金融机构专营化和组织创新问题,文化金融服务平台创新等。

第五,普惠金融等创新领域的政策形成文化金融未来发展的重大机遇。2017年5月3日,李克强总理主持召开国务院常务会议,部署推动大中型商业银行设立普惠金融事业部,大型商业银行2017年内要完成普惠金融事业部设立。由于文化产业中小微企业较多,普惠金融的发展对文化金融发展是重大的利好。普惠金融也惠及个人消费,基于一定场景的文化消费金融产品是极具潜力的创新领域。

2. 在调整中延续并深化文化金融政策

2005年以来，我国文化产业一直保持高速和中高速增长。2016—2017年，我国文化产业发展依旧保持中高速增长。国家统计局数据显示，2016年全国文化及相关产业增加值为30 785亿元，比上年增长13.0%，占GDP的比重为4.14%，比2015年提高0.17个百分点；此外，2017年全国规模以上文化及相关企业共计5.5万家，实现营业收入91 950亿元，比2015年增长10.8%（名义增长，未扣除价格因素），增速提高了3.3个百分点，继续保持较快增长。文化及相关产业10个行业的营业收入均实现增长。2018年3月，在国家机构改革中，文化部和国家旅游局合并组建文化和旅游部，这将对文化产业发展起到积极的推动作用。

2017年，文化产业发展过程中，资本市场投融资活动活跃，监管趋严背景下，新的文化金融政策内容对风险较高领域持谨慎策略，文化金融各领域发展格局日渐清晰，调整之下文化金融政策的主体部分得到进一步延续和深化，主要表现在三个方面。

第一，中央和文化主管部门出台的国家级政策文件中的文化金融内容，延续了以往发展文化金融的政策基调。2017年国家部门出台的文化政策文件主要包括：2017年5月7日中共中央办公厅、国务院办公厅印发的《国家"十三五"时期文化发展改革规划纲要》、2017年2月23日文化部印发的《文化部"十三五"时期文化发展改革规划》、2017年4月文化部印发的《关于推动数字文化产业创新发展的指导意见》（文产发〔2017〕8号）等规划性或指导性文件。虽然2017年未有国家级文化金融专门政策或法规出台，但文化金融类政策内容仍然是2017年国家出台的文化政策文件中的"标配"内容。

《国家"十三五"时期文化发展改革规划纲要》作为顶层规划文件，在"完善和落实文化经济政策"中明确要求"发展文化金融"：鼓励金融机构开发适合文化企业特点的文化金融产品；支持符合条件的文化企业直接融资，支持上市文化企业利用资本市场并购重组；规范引导面向文化领域的互联网金融业务发展；完善文化金融中介服务体系，促进文化金融对接；探索开展无形资产抵押、质押贷款业务；鼓励开发文化消费信贷产品。

《文化部"十三五"时期文化发展改革规划》在"推动文化产业成为国民经济支柱性产业"中将文化金融作为重要内容，要求深化文化金融合作，发挥财政政策、金融政策、产业政策的协同效应，为社会资本进入文化产业提供金融支持。并将"文化金融创新工程"作为"文化产业四大计划两大工程"之一。具体内容包括：鼓励金融机构针对文化产业特点创新产品和服务，推广无形资产评估和质押融资，逐步健全文化企业征信体系、融资风险补偿机制和信用担保体系；建立文化企业上市资源储备库，支持文化企业利用资本市场上市融资、再融资和并购重组，扩大文化企业债券融资规模；鼓励文化产业类投资基金发展；支持各地建立文化金融服务中心；创建文化与金融合作示范区。

在文化部出台的《关于推动数字文化产业创新发展的指导意见》（文产发〔2017〕8号）中，将"落实相关财税金融政策"作为第五条"加大数字文化产业政策保障力度"的首要内容，主要包括：加大直接融资力度，鼓励符合条件的数字文化企业通过各类资本市场融资；积极运用债券融资，支持设立数字文化产业创业投资引导基金和各类型相关股权投资基金。建立投融资风险补偿和分担机制，鼓励开发性、政策性、商业性金融机构支持数字文化产业发展，推进投贷联动，实现财政政策、金融政策、产业政策的有机衔接。

第二，地方政府出台文化经济政策，结合本地实际延续和贯彻既定文化金融政策。在2017年至2018年初，各地方政府在相关政策中也重点涵盖了文化金融的内容，北京、上海、江苏、广东、陕西等地在文化金融政策制定和执行方面较有成效。

总体上，各地在相关文化产业发展规划中继续延续和贯彻了文化金融政策，结合本地实际细化了国家政策并出台具体落地方案；各地政策关于文化金融的内涵已经比较清晰；各地对文化金融的定位不同，所以发展方向也有所不同。

文化金融在各类文化经济政策文件中的定位，有的作为文化经济政策或保障措施，有的作为构建文化市场体系的内容，还有的作为文化产业体系的内容。如上海将文化金融作为构建文化市场体系的组成部分，与北京将文化金融作为建设高精尖文化创意产业体系的内容①有很大不同,一个是市场思维,另一个是产业思维,体现了两个城市的规划者的不同理念。

2017年9月,陕西省委、省政府发布了《关于进一步加快陕西文化产业发展的若干政策措施》。在文化金融方面,除了对上市奖励、贷款贴息做了明确规定外,主要内容包括:利用创新融资工具,发挥文化企业无形资产评估机构、担保机构等中介作用,鼓励商业银行建立文化产业支行,以知识产权质押、应收账款质押、收益权质押、融资租赁售后回租等融资工具支持文化产业发展。

2017年11月,广州市印发《广州市推进文化创意和设计服务与相关产业融合发展行动方案(2016—2020年)》。文件在提出"九大主要行动"的基础上提出"八大保障措施"。其中第六项保障措施即为"完善融合发展金融支撑体系",包括创新文化金融服务组织形式、创新文化创意金融产品、鼓励文化创意和设计企业直接融资等内容。

2017年12月,上海市委、市政府印发《关于加快本市文化创

---

① 北京市委宣传部、北京市发改委发布《北京市"十三五"时期文化创意产业发展规划》,促进文化与金融融合发展。完善首都文化创意产业投融资服务体系建设,充分发挥文化投资发展集团的投融资平台功能。申报建设文化金融合作试验区,探索具有首都特色的文化金融合作新模式,搭建文化创意产业发展的金融支撑平台。引导和鼓励银行、保险等金融机构研发符合文化创意产业发展所需要的产品与服务,发展电影完片担保、众筹等新产品、新模式。鼓励文化企业采用短期融资券、中期票据、集合债券等拓宽融资渠道,优化融资结构。支持文化企业在主板、创业板、新三板等多层次资本市场挂牌上市,推进形成"北京文化"板块。

意产业创新发展的若干意见》(简称"上海文创50条"),文件将"加快金融服务体系创新"作为构建现代文化市场体系的重要组成部分,主要内容为三点:发挥产业基金撬动放大效应;构建文化创意投融资体系;充分利用多层次资本市场。

第三,地方出台的文化金融专门政策虽然较少,但在实施层面深化和细化了文化金融政策。2014年《关于深入推进文化金融合作的意见》出台以来,各地方政府根据这一政策纷纷出台相应"实施意见",如《上海市关于深入推进文化与金融合作的实施意见》等,主要集中发布于2015年、2016年。按照一般规律,2017年应对前期出台的文化金融政策的执行情况进行评估。虽然2017年新的文化金融专门政策较少,但很多地方根据国家政策出台了就特定事项细化落实的政策文件,如文化金融合作试验区、投贷奖等。

2016年11月,中国人民银行南京分行、江苏省委宣传部、江苏省文化厅等部门发布《江苏省文化金融合作试验区创建实施办法(试行)》,并附"江苏省文化金融合作试验区认定评估指标体系"。这是依据国家文化金融政策落实文化金融合作试验区在省内进行创建工作的具体政策。同时期,江苏省发布《江苏省文化金融服务中心认定管理办法》。根据2017年11月公布信息,2017年度江苏省省级文化金融合作试验区包括南京秦淮区、无锡高新区、苏州高新区、南京江宁区;省级文化金融服务中心名单包括南京文化金融服务中心、无锡影视文化金融服务中心。

2017年11月,北京市推出文化金融"投贷奖"联动政策。北京市文化改革和发展领导小组办公室发布《北京市实施文化创意产业"投贷奖"联动推动文化金融融合发展管理办法（试行）》（京文领办文〔2017〕3号），为北京市文创企业提供贷款贴息、融资租赁贴租、发债融资奖励、股权融资奖励，为相应的各类融资服务机构提供银行奖励、融资租赁奖励、融资担保奖励、天使投资奖励、创业投资奖励，北京市国有文化资产监督管理办公室面向社会公开征集北京市文化创意产业"投贷奖"支持资金储备项目。

2018年2月5日，北京银监局、北京市文资办对外公布《关于促进首都文化金融发展的意见》。这一专门政策文件的主要内容涉及八个方面：政策、组织服务体系、文化产业新业态、资金投入方向、服务产品创新、业务流程和管理模式、金融服务平台、文化金融生态圈等。由于是银行业监管部门和文化产业主管部门主导制定的政策，所以并未能涵盖保险、证券等其他文化金融领域。

另外，正如中国银监会发布的《关于提升银行业服务实体经济质效的指导意见》，中央和地方2017年出台的一些金融类专门政策或规划，已经对文化产业、文化建设给予了更多关注，相关内容也更加丰富，这对文化金融发展具有极大的推动作用。

文化金融政策体系化十年演进之路[①]

我国的文化产业发展得益于文化经济政策的支撑，其中文化

---

① 本文原载于《经济日报》。http://www.ce.cn/culture/gd/ 201903/27/t20190327_31749009.shtml.

金融政策的作用尤为明显。我国的文化金融相关政策内容在早期主要零散见于一些综合性政策文本中，从2009年开始才有文化金融专门性政策（或专门政策）。2009年是我国文化金融政策进入专门化的一年，也是体系化演进开始的一年，所以，我们从这个时点开始对文化金融政策十年来的发展做一个简单回顾。

1. 专门性政策开启文化金融政策体系化进程

文化金融政策与文化财政政策、文化税收政策、文化贸易政策等共同构成文化经济政策，而专门性文化金融政策开启了文化金融政策体系化的进程。专门性是指针对跨业务、跨部门的某一专门领域的。文化金融政策专门化的主要特征是：以跨业务、跨部门的金融和文化产业的关系为政策调整对象，由金融监管部门主导或参与制定、发布和执行。文化金融政策是否专门化，是不是有专门的政策文本是重要标准。自2009年起，先后有四个专门政策文件出台。

首先，通过专门的政策文本和金融监管部门的参与，具有先导作用的政策出台。2009年5月，商务部、原文化部、原新闻出版总署、中国进出口银行联合出台的《关于金融支持文化出口的指导意见》（商服贸发〔2009〕191号），这是第一次就金融支持文化产业发布专门的文件，所以是我国第一个具有专门政策性质的文化金融政策文件。2009年7月3日，中国人民银行营业管理部、中国银行业监督管理委员会北京监管局公布的《关于金融支持首都文化创意产业发展的指导意见》（银管发〔2009〕144号）。

这虽然是地方性文化金融专门政策，但它是第一个由金融监管部门主导发布的文化金融类专门文件，此后在北京的银行系统文化金融服务都与这个文件一脉相承。

以上两个文化金融专门政策文本都与 2008 年 3 月 19 日印发《关于金融支持服务业加快发展的若干意见》（银发〔2008〕90 号）有密切的关系。这两个政策文件，一个没有金融监管部门参与，另一个是地方性的且局限于银行业，虽然文化金融专门化程度较低，但其所起到的先导作用是不容低估的。

其次，文化金融合作日益重要，具有战略意义的专门政策文件出台。2010 年中宣部、中国人民银行、原文化部等九部门印发了《关于金融支持文化产业振兴和发展繁荣的指导意见》（银发〔2010〕94 号）。这是我国第一个国家层面的文化金融专门政策文件①。这一政策首次包含了中国人民银行、银监会、证监会、保监会等主要的金融监管部门，大大提升了政策的权威性和可执行性。而政策内容也较以往更加全面，涵盖了银行、证券、保险、外汇管理等金融领域，形成了包含文化金融市场主体、产品、结构及相关配套措施各个方面内容的基础框架。文件特别提出了政策实施和效果评估问题，主要内容包括加强信贷政策和产业政策的协调、建立多部门信息沟通机制、加强政策落实督促评估等。

2014 年文化部会同中国人民银行、财政部出台了《关于深入

---

① 这一文件中的主要政策依据是 2009 年 7 月发布的由国务院审议通过的《文化产业振兴规划》。

推进文化金融合作的意见》(文产发〔2014〕14号),这个政策文件的出台是以党的十八届三中全会为背景,更加具有战略意义。这个文件是第一部以"文化金融"为主题的战略性政策文本,也是文化金融发展中的里程碑式事件,自此以后,"文化金融"作为一个专业词汇或专有名词似乎就"合法化"了。该政策的出台具有重要意义。首先,明确指出了文化金融作为产业动力的重要意义;其次,提升了"文化"在金融与文化的关系中的主体地位;确立了文化金融作为一种新型金融业态的定位;再次,确立创新驱动原则,突出了机制和体制创新;最后,总结经验,完善了组织实施与配套保障。

以上两个政策文件是具有战略意义的全国性文化金融专门政策文件,基本奠定了文化金融政策的基础框架。

2.文化金融政策在发展中提升并扩展

2014年之后,由于文化金融政策的推动,我国金融体系对文化产业的投入力度大大增加,同时,文化金融政策在上下两个层面不断提升和扩展,内容也更加丰富,极大推动了文化产业的发展。

第一,文化金融逐步成为国家文化改革总体政策和规划的重要内容。关于金融支持文化产业的政策内容很早就出现在具有国家战略性的政策文件中。在2006年《国家"十一五"时期文化发展规划纲要》、2012年《国家"十二五"时期文化改革发展规划纲要》

中，都有"金融支持文化"的相关表述。党的十八届三中全会提出"鼓励金融资本、社会资本、文化资源相结合"的要求，文化产业发展与金融的关系被提高到战略地位，成为中央政府出台的文化改革总体政策文件中的重要内容，文化金融作为一个独特的政策领域基本上固化下来了。随着文化金融作为一种特殊的产业形态和服务形态被广泛接受，文化金融业走进国家战略文件中。如在2017年发布的《国家"十三五"时期文化发展改革规划纲要》中，"完善和落实文化经济政策"直接表述为"发展文化金融"。

第二，文化金融已经成为文化主管部门和地方政府制定文化经济政策中的"标准配置"。文化主管部门及地方政府出台的文化经济政策主要体现在关于文化体制改革、文化发展及文化产业的意见、规划、行动计划等政策文本中，而文化金融一般都是文化经济政策的重要内容之一。如2017年原文化部印发的《文化部"十三五"时期文化发展改革规划》《文化部"十三五"时期文化产业发展规划》。在《文化部"十三五"时期文化发展改革规划》中，要求"深化文化金融合作，发挥财政政策、金融政策、产业政策的协同效应，为社会资本进入文化产业提供金融支持"，并将"文化金融创新工程"作为"文化产业四大计划两大工程"之一。又如2016年上海市文化创意产业推进领导小组办公室发布的《上海市文化创意产业发展三年行动计划（2016—2018年）》，2016年北京市发布的《北京市"十三五"时期文化创意产业发展规划》等，都将文化金融政策作为重要内容。

第三，国家文化金融专门政策在实施中得到扩展和细化，丰富了我国文化金融政策的内容。文化金融专门政策的实施需要通过各个部门及地方政府,所以其扩展主要在部门和地方政府两个方面,政策文本为实施意见、规划、行动计划等。专门政策在部门实施层面实现了扩展,例如2010年《关于金融支持文化产业振兴和发展繁荣的指导意见》出台之后,保监会印发了《关于保险业支持文化产业发展有关工作的通知》(保监发〔2010〕109号)。文化金融专门政策在地方政府层面有较多的实施性政策出台,如《关于金融支持文化产业振兴和发展繁荣的指导意见》和《关于深入推进文化金融合作的意见》出台后,各省市根据各自的优势和发展特点,相继出台了相应的实施意见。比较典型的有北京、上海、广东、江苏、山东、四川、甘肃等省市。江苏在印发《关于促进文化金融发展的指导意见》(苏宣发〔2015〕8号)的同时附有《江苏省文化金融发展三年行动计划(2015—2017)》,行动计划共计22项,每项都有配属责任单位,具有很强的可操作性。

一些地方政府通过金融主管部门和文化产业主管部门联合推出了新的文化金融专门政策,比如:北京银监局、北京市文资办2018年1月印发《关于促进首都文化金融发展的意见》;中国人民银行西安分行与陕西省委宣传部于2018年1月出台《关于金融支持陕西文化产业进一步加快发展的指导意见》等。

3.文化金融政策体系演进中已形成自己的特色

十年来,伴随着专门政策的制定和实施,我国文化金融政策体系已现雏形，主要包括：文化金融专门性政策（中央和地方）；根据国家文化金融专门政策由部门和地方政府制定的实施政策；中央政府文化改革总体政策中的文化金融政策内容；文化主管部门和地方政府的文化改革政策及产业政策中的文化金融政策内容等。我国文化金融政策体系在演进中已经形成了自己的特色。

第一，以文化金融专门政策为主干形成体系。专门政策无法孤立形成体系，还需要与文化发展政策等其他政策中的文化金融内容互相补充。在中央、地方各层级的文化发展政策（规划、指导意见等）或文化产业政策中都含有文化金融政策内容，这些也是一种文化金融政策文本，同样具有一定的引导性和约束力。

第二，以服务于整体文化产业为政策目标。我国的文化产业发展战略是基于整体发展、分业突破的，所以我国文化金融政策是对应文化产业整体，最终形成了服务于文化产业发展为目标的政策内容体系，这不仅是我国文化金融发展的一个显著特征，也体现了文化金融之于文化产业具有统一的内在规律性。

第三，政策涵盖的金融服务内容和范畴全面。2009年以来，我国文化金融政策涵盖的金融范畴逐步全面、金融支持方式更加专业化。文化金融政策包含银行、证券、保险、信托、基金、担保等行业，以及股权类、债权类、风险管理类、互联网金融类多种金融工具、市场、机构以及金融基础设施等。由于文化金融政策涵盖了大多数金融领域，所以推动文化金融形成了一种特殊的金融业态。

第四，注重部门协调机制和政策协调性。文化金融政策所指范围是跨部门、多层次业务领域的，多由文化、财政、金融等多部门联合制定并发布，所以文化金融政策作为交叉性公共政策领域需要高度的部门协调性和政策协调性。机制上，主要中央政府层面的"文化金融合作部际会商机制"；从政策协调性上，重视文化金融政策与公共文化服务政策相协调，与文化体制改革及国有文化企业改革政策相协调，与文化财政政策、文化税收政策、文化贸易政策等相协调。

我国的文化金融政策体系尚处于初级的阶段，有许多短板需要补齐，如证券、基金等部门性文化金融政策，更具约束力的相关条例、办法等，即便是已经出台的政策也存在配套措施缺失、执行绩效体系缺失等问题，这需要我们不断推动改进政策管理体制和加大优质制度供给。

金融服务文化实体经济需走出认识误区 [①]

我国文化产业的持续发展得益于一系列文化金融政策的助力。在文化金融政策推动下，不仅文化产业得到发展，文化金融本身的市场规模也日益扩大，形成了独特的金融服务业态。但总体来看，我国文化金融市场还不能满足文化产业发展的需要。究其原因，既受历史发展阶段必然的各种内外因素影响，但也必须承认，

---

① 本文节选自中国社科院中国文化研究中心智库简报，由作者撰写于2019年10月，后经作者重新整理和修订，2020年10月26日公开发表于"深圳文化产权交易所"公众号。

一些重大认识误区一直没有从根本上得到解决,阻碍了中央出台的文化经济政策和文化金融政策的进一步落实。这些认识误区也可能影响新的文化金融政策的制定,所以需要我们认真对待。

误区1:文化产业不属于实体经济

如果认定文化产业不属于实体经济,文化产业将在"金融服务实体经济"的大背景下失去金融动力。近年来,中央要求金融体系"脱虚向实",切实服务实体经济。虽然文化产业与金融范畴的虚拟经济不同,但文化产业却被一些学者从非物质生产部门这个角度当作"虚拟经济",并与"金融服务实体经济"相对立,形成了一定的危害。

因为文化生产不属于物质生产部门,所以认为文化产业是"虚拟经济",这种认识在理论上是不妥当的。在经济金融化趋势中,与"实体经济"相对应的货币经济意义的"虚拟经济"的泛滥开始受到警惕。文化产业不同于货币经济,虽然也有"无形"化特征,但不能仅仅因为不是物质生产就被当作"虚拟经济"[①]。精神生产和物质生产都是社会生产,所以基于精神生产和物质生产的经济形态都是实体经济。文化生产属于精神生产,也是一种社

---

① 在理论研究中,曾有学者在广义上将凡是"无形"的都归为虚拟经济,但经过多年论证,多数学者认为所谓虚拟经济指的是一种与货币经济、金融经济相关的具有特殊的价格形成、价值计量和运行方式的经济形态,再无限扩大范畴是没有意义的。

会生产,文化产业是文化生产的主要形式,是通过文化生产和再生产过程来实现经济价值和资本货币价值的完整的经济部门,而不是对立于实体经济的一种"虚拟"形态。

在一些决策部门中,不仅将文化产业看作"虚拟经济",而且认为"文化产业与实体经济融合发展"正是"脱虚向实"的要求,最终归结为"文化产业不属于实体经济",这种认识也是错误而有害的。这种认识曲解了"文化产业与实体经济融合发展"的政策含义。国务院出台的《关于推进文化创意和设计服务与相关产业融合发展的若干意见》等相关政策,其政策含义推动文化产业发挥现代生产性服务业的作用,发挥文化的要素性作用,以提高文化含量为手段,推动相关产业转型升级。如果认为文化产业就此退潮,失去了独立性,就是错误理解了以上政策。因此,"文化产业与实体经济融合发展"与"虚拟经济回归实体经济"的政策含义是完全不同的。

当前我国金融工作的重要任务之一是"金融服务实体经济",要"脱虚向实"。如果认定文化产业不是实体经济,将会导致"金融服务文化产业"失去理论基础并与现行政策相违背,危害是极大的。如果政府决策部门以文化产业是虚拟经济之名加以排斥,金融监管和金融机构也在"金融服务实体经济"的名义下排斥服务文化产业,则会导致文化产业资本严重短缺,投资环境迅速恶化。

误区2:文化金融不再需要规模上的高速增长

十年来我国文化金融发展迅速,一些部门和金融机构在成果总结时给我们造成了"文化金融发展规模已经很大"的印象，仿佛只是发展质量上存在较大问题，所以下一步不再需要在规模增长上下功夫，而是需要向高质量发展转型。这个说法不是没有道理，但需要辩证地看待这个问题，孤立地看待文化金融发展成就是片面的、有害的。

实际上，文化信贷、文化债券、文化担保、文化信托、文化保险市场等相关指标虽然增长很快，纵向来看发展规模的确已经很大了，但如果站在总体金融市场的角度上进行横向比较的话就会发现问题。银行贷款余额约 1 万亿元，文化债券规模也只有几百亿元，在服务实体经济的资金规模中，各类文化金融服务所占比例都不超过 1%，有些甚至可以忽略不计。更进一步来说，文化金融发展规模与文化产业在国民经济中的地位仍是严重不匹配的。2018 年我国文化产业增加值已占到 GDP 的 4.30%，这个体量的产业规模，应该需要什么规模的金融资源来支持，是个值得探讨的问题。因此，在我国文化产业成为国民经济支柱性产业的过程中，文化金融市场规模还有很大的增长空间。

只有规模匹配，金融才会发挥应有的作用。发展规模和发展成就认识上的误区，导致政策可能在高质量发展和规模增长的关系处理上有所偏颇。在当前金融监管形势和经济高质量发展要求背景下，过高评价文化金融的发展成就，使一些部门认为文化金融已经不需要规模增长，而是只需要高质量增长，这正在导致以高质量发展的名义抑制文化金融的发展。高质量发展在整体上是对的，但在一些后发的行业中，单纯要求高质量发展就有害了。

所以，在当下这个时期，要求规模增长与高质量发展并重是更合理的选择。要在保持规模上较高速的增长的基础上，逐步寻求高质量发展。

误区 3：文化产业不需要特殊的金融服务体系

在传统金融体系下，很多金融机构认为服务文化产业需要符合一般的金融风险管理要求，不需要进行更特别的金融产品设计和金融服务，更不需要一个专门的服务体系。然而，这种认识已经远远不能适应后工业化时期的新经济发展要求。

传统的金融体系是在上百年工业化进程中形成的，这个体系反映了工业时代对金融服务的需求，但在新经济发展背景下，金融产品设计、服务创新应建立在对新经济的深刻认识上。旧的金融体系显然对技术和文化（含品牌）在企业发展中的作用认识不足，对文化经济发展中形成的创意资本、文化资本和数据资产的认识严重滞后。我国正处于工业化中后期与后工业化前期叠加时期，知识经济、文化经济和数字经济在国民经济体系中的作用日益明显。越来越多新产品、新服务、新业态被纳入国民经济统计框架，无形资产已经成为可计量的重要资产，文化产业是新经济的一部分，忽视服务文化产业就是一种落后思维。

在新经济时代，新产业、新模式、新业态对金融体系中的各类基础设施，包括相关规则、标准和价值评价体系都提出了新的要求。新的金融基础设施应在产业发展的差异化需求基础上进行适应性的变革。在文化金融领域，文化金融政策及法规、文化资产评估及无形资产评估、文化产业信用管理体系、文化金融市场信息系统、文化数据资产系统、文化金融管理流程与行业规范等都构成了具有文化产业特色的文化金融基础设施，应重点研究，出台专门政策鼓励创新和实践。

总之，金融机构需要摒弃对文化经济抱有的顽固偏见。虽然政府出台了文化金融专门政策要求进行创新，但文化金融仍被很多金融机构当作一个普通的服务领域，这大大影响了政策的执行效果，造成一些本已经成为政策条文的创新内容，一再被拖延和阻滞。在新经济环境下，一些传统金融机构总想"一把尺子量天下"，已经不是政策问题了，其中显然还有更深的体制性问题和思想认识问题。

误区4：文化金融需要特别的金融监管

由于文化产业具有一定的意识形态属性和"公众化"特性，一些部门和机构认为与文化相关的金融活动和资本市场需要更加严格的金融监管。但是过于强调这些特征往往会导致一些误区，尤其是在金融"强监管"的形势下，这种认识得到强化，会在实施政策中产生较大的负面作用。

近年来，与文化领域相关的交易所、海外投资、互联网金融、资产管理以及证券市场高杠杆、过度投机等是治理的重点，这些领域的确暴露出了很大风险，而且因为文化领域社会公众人物较多，出现风险后社会影响较大。这固然需要重点整治，而且已经形成了一定的效果，但仍不能因此为进行特别金融监管提供合理性。实际上，在金融监管趋严的形势下，对文化金融领域的确风险的关注已经开始超出了风险危害本身，牵扯了太多其他因素。例如两年以来，监管部门对上市公司的影视、游戏等投资以及对院线、景区的资产证券化领域进行了较为严格的监管。这些领域的风险实际上更多的是操作上的不力造成的，而不是文化产业本身特征所带来的"原罪"。与其他发生金融风险的"重灾区"比较，无论从频次、损失程度上看，文化金融领域的已发风险都属于比较小的，形成的社会影响也未必更大。文化金融市场的个别领域的确属于风险易发区，但这并不意味着文化金融领域需要有别于其他领域的特别监管。

严格监管措施对风险有一定的抑制作用，但如果呈现"一刀切"的趋向，则可能形成"产业歧视"现象。实际上，这几年文化金融市场创新热度已经大幅度下降，信贷机构已经几乎停止在文化产业领域的业务创新，文化担保、文化融资租赁等机构原有的创新业务开始停滞，未能坚持下来。社会资本撤离的情况日益严重，很多原本对文化产业感兴趣的私募基金持观望态度。因此，建议对文化金融领域要采用"合理适度监管"的原则，应对风险和危害性认真分析，区别对待；应严格地依法监管和依规监管，而不是无序和随机监管，不能朝令夕改，大起大落，使人对政策环境难以预期。总之，严格监管的最终目的要使资本主体的营商环境更为积极透明，但不适当的监管将会与初衷背道而驰。

国家文化与金融合作示范区创建需要战略视野[①]

我国文化金融发展为国家文化与金融合作示范区创建工作打下了良好的基础，北京东城区和浙江宁波市已经为创建国家文化与金融合作示范区提供了良好的样本。当前，国家文化与金融合作示范区创建标准和相关制度还在探索之中。未来还有一些城市将进入国家文化与金融合作示范区创建行列中来。上海、深圳、南京、杭州、成都、广州、西安、昆明等城市在文化金融领域已经探索出了具有各自特色的发展模式。

国家文化与金融合作示范区不同于一般的园区或示范区，不是简单的数字增长和指标的变化，创建工作应站得更高，看得更远。不仅要发展特色，解决微观和局部问题，还要重视共性问题，具备一定的战略视野，要在大格局视野下发展文化金融。笔者认为，各地区在示范区创建时应在以下几个方面有所考量，至少在其中的一两个战略高度上有所侧重和注重。

第一，注重推动现代文化市场体系和文化产业要素市场构建。没有现代文化市场体系，就没有文化金融。国家文化与金融示范区既要注重示范区的独特性问题，更要关注文化金融发展的

[①] 本文原载于2020年3月28日"文化金融观察"公众号，原标题为《在大格局下创建国家文化与金融合作示范区》。

共性问题，其中文化市场和要素市场是最为重要的共性问题。文化金融不仅是现代金融体系和金融市场的一部分，更是资源配置的有效手段。同时，文化金融也是文化市场体系和文化产业要素市场（资本、人才、技术、信息等）的一部分。因此，在国家文化与金融合作示范区创建中，需重视通过金融推动现代文化市场体系建设和文化产业要素市场构建。应加强有效制度供给，培育文化市场机制，以金融推动实现资源有效配置和产业规则的塑造。

第二，注重推动文化金融生态的培育。国家文化与金融合作示范区不是工业时代物理形态的园区模式，而是一种机制。作为机制，示范区需要注重通过丰富生态主体和环境建设培育文化金融合作及融合发展的生态系统。文化金融生态系统是文化和金融大生态的子系统，要注重文化金融生态系统中"土壤""空气"和"水"的维护；与机械的体系化要求不同，生态系统要对生态环节中的各种角色保持容忍度，允许各类机构或资本主体在竞争中发现机会并形成自有生存模式。应持续推动文化金融机构专营化、工具专属化、要素市场专门化。应加强文化金融基础设施专业化建设，重视生态体系中的基础性问题，包括文化企业信用体系、文化资产评估体系、文化金融信息系统等。

第三，注重强化文化金融与城市发展及区域经济的关系。文化金融连接着文化产业和金融产业两个要素性产业，这两个产业是很多中心城市的支柱产业。在特定的区域经济和城市经济范畴内，发展什么样的文化产业和什么样的金融产业是需要解决的战略性问题。示范区创建,是文化金融与城市发展关系的一个缩影,也是文化产业与区域经济关系的一个缩影。通过国家文化与金融合作示范区,在强化这种关系的前提下发挥区域特色优势,发展区域特色金融。在这种认识下,应将文化金融纳入当地城市发展和区域经济发展规划当中去。

第四,注重引领新经济变革下文化金融发展趋势。文化金融需要在新经济视野下构建新的金融服务体系,为文化实体经济服务。在国家文化与金融合作示范区创建工作中,尤其要关注数字文化经济这些新经济形态的变化,关注文化、科技和金融"三元动力结构"对产业发展的影响。2020年新冠肺炎疫情对文化产业的打击最为严重,这与文化产业中的一些业态特点相关,文化产业数字化转型的需求将更加强烈。国家文化与金融合作示范区应为新文化经济下的金融服务做出典范,切实服务文化实体经济。

第五,注重发挥文化金融在文化产业国际合作中的作用。当今世界正处于百年未有之变局,当今世界在国际竞争与国际合作中处于何种地位,将在未来一段时间内确定下来,这其中就包括我国文化和文化产业在国际竞争与国际合作中的地位问题。国家文化与金融合作示范区、创建地区都是我国城市中国际化程度较强的城市,参与国际合作密度较大,不仅要推动文化贸易和参与自贸区建设,同时应以金融推动文化产业国际合作形成新模式、新机制、新方向,推动我国文化产业在国际格局中取得优势地位。

总之,示范区不仅要有立本守正的模范作用,还要有先行先试的示范作用，示范区创建要示范什么是关键。需要以适应国家战略形成战略示范，以有效的制度供给形成机制示范，以可持续发展模式形成生存示范，通过引领发展趋势形成方向示范。在国家文化与文化金融合作示范区的框架下，集中优势资源解决一些长期无法解决的问题，将极大推动我国的文化经济发展和区域经济发展。

金融应对疫情、支持文旅产业发展的思考①②

2016 年以来，文化产业和旅游产业金融发展进入规范与创新平衡发展时期。受大环境影响，文旅产业资本市场一度处于低谷，实际上这一领域尚未走出"凛冬"季节。当下，新冠肺炎疫情对我国经济正在形成巨大冲击，文旅产业又首当其冲，可谓凛冬未尽，雪上加霜。

2020 年 2 月 1 日，中国人民银行等部门联合印发了《关于进一步强化金融支持防控新型冠状病毒感染肺炎疫情的通知》，在保持整体流动性、稳定市场预期的同时，特别关注文旅产业等受影响较大的行业。目前，已经有浙江、江西、北京等多地出台政策，应对疫情，企业健康发展，其中有三十多个省市及地市各级政府部门专门出台政策应对疫情对中小微企业的冲击，有些条款直接

---

① 本文原载于 2020 年 2 月 7 日"深圳文化产权交易所"公众号。
② 本文中"文旅产业"指文化产业和旅游产业。

针对文化旅游企业、文化产业园区。当前推出的手段不可谓不全面，其中财政税收手段、金融手段是最重要的内容。很多措施都包含了减税、减费的措施，要求金融机构的内容主要是要降低企业的资金使用成本，包括降低贷款利率，不抽贷、断贷、压贷，贷款展期，给予一定额度的其他续贷，无还本续贷，降低融资担保成本、免除相关手续费等。另外政府对企业的运营及管理成本也给予了关注，要求降低、减免房租，降低用电成本等。很多措施是接地气的，是关照了当前疫情背景下微观主体的基本需求的。

关于如何认识金融支持文旅产业，积极应对疫情，进一步促进产业持续而健康发展，有如下几点思考。

1. 文旅产业影响程度仍未明朗，应有打硬仗的准备

2018年全国文化及相关产业增加值为41 171亿元，旅游及相关产业增加值为41 478亿元，两者合计占GDP的比重达8.99%。全国文化及相关产业法人单位210.3万个，从业人员有2 055.8万人，企业众多，从业人员规模巨大。同时，这两个产业的中小微企业比例较大，也是需要特别关注的领域。中小微企业抗冲击能力差，而一旦这个群体受到致命的打击，我国的就业、民生都会受到巨大影响。

文旅产业最困难的时期还没有到。支持文旅产业就是支持实体经济发展，如何走出困境，政府和金融机构需要有打持久战、拉锯战、攻坚战的准备。

2. 抓住文化企业和旅游企业的特点，对症下药

文化旅游行业内部分业业态差异较大，经营管理上存在较大差别。金融机构在服务时应重点考虑企业的经营模式、财务特点、资产特点、人力资源结构等因素，分门别类，有针对性地提供金融解决方案。

文化内容型的企业多为以项目制为中心的中小微企业，包括电影电视制作、戏剧创作及演出、实景演出等，这些企业可能项目刚刚上马，成本已经开始产生，如贷款，但由于疫情停工后将无限期等待，项目可能下马。类似的还有会展服务企业，以项目聚集人力资源。对于这类企业，应结合已经立项的具体项目进行评估，予以专门的关注。

电影院线、景区依靠门票收入形成现金流，已经实施的与现金流相关的抵押、证券化等金融方案需要重新评估并予以补救。

3. 成本分担，责任共担，共渡难关

由于受疫情的影响，很多中小文化企业和旅游企业最现实的问题就是生存下来，通过降成本，包括资助使用成本和运营管理成本，是可以取得效果的。

这次疫情对文旅产业的影响较大，形成的经济压力也很大，不是某个政府部门、经济部门或市场主体能够独立承担的。因此，出台金融支持应对疫情的相关政策，应建立在政府、金融机构、

文旅企业、员工多方主体共同承担的原则上。

企业应能够制订较好的自救方案,能够挖掘企业自身潜力,员工也应具有承担部分收入损失的基本担当,这是金融支持文旅企业走出困境的重要前提之一。

4.尊重市场规则,尊重市场主体权利

疫情影响巨大,正在检验市场的能力、企业的能力和产业的能力。在一定的外力扶助下,市场主体应能够激发生存欲望,应相信市场有自我修复能力。

政府应仍将重点放在制度环境的构建上,金融机构把重点放在清理积案、提高效率、应办快办上,企业具体怎么干,怎么自救,政府和金融机构都不应越俎代庖。

金融机构不应过度使用金融工具。信贷机构对文化和旅游企业的支持,首先要做到的是"不雪上加霜",如不抽贷、不断贷、不压贷。在商业领域不应过度降低风险管理要求,防止担保等方面产生衍生风险。

公共危机事件中,市场主体既有义务,也有权利。不应过度干预商业金融机构的市场行为,强制商业金融机构承担过重的公共责任。可以在规则之后进行免责或救济,但不应破坏市场规则,不能要求市场主体以支持企业的名义先行放弃市场规则。

5. 着眼中长期目标，释放活力，调整结构，促进改革

疫情冲击之下，活下来是最现实的需要。但对文化金融政策来说，不仅需要着眼未来，还需要在结合激发市场活力、调整产业结构等目标的前提下开辟第二战线，为疫情之后的产业金融服务做准备。

一是以恢复市场创新活力为目标，制订文化产业金融与旅游产业金融服务创新方案，对已经基本消除风险隐患的新金融模式松绑，为新金融活动提供更多空间。

二是应结合区域特点，将金融解决方案的重点放在调整产业结构方面。未来文旅产业的产业结构问题，重要方向是要促进数字化转型，提升数字化生产和数字化生存能力。

三是应结合金融市场改革，提升直接融资比例目标，加快资本市场改革。结合注册制改革，加快符合条件的企业上市和在新三板挂牌。

四是结合防风险目标，加速推动金融科技应用，建立新的金融基础设施。如要提高文旅产业的信用贷款比例，就应着手以金融科技推动建立具有长期效应的行业信用管理体系。

在近五六个月时间内，文化金融的中长期目标应与渡过难关的短期目标一并考虑，否则疫情过后可能重新回到原点。

抗疫常态化下的产业"冰期"与文化产业政策路径优化[①]

我国的新冠肺炎疫情在 2020 年五六月份再起波澜。正如当初一些学者预测的那样,"抗疫"正在变成一场持久战、拉锯战。经济回升势头受阻,一些原本预计在今年内恢复到正常状态的经济和产业预测都需要调整预期了。所谓"后疫情时代"实际上什么时间能到来还十分不确定。可以确定的是,当前我们正处于一个"疫情防控常态化"时期(或称"抗疫常态化"),对于很多产业发展来说,这种常态化可能形成一个小的"冰期"。

只要时间够长,什么都有可能发生。疫情周期的长短,决定了所谓"后疫情时代"的最终格局和特征,而现在一些事物正在发生悄然的变化。从文化产业看,需要认识到文化冲突、产业链冲击与重构、传统模式"终结"、刺激消费、市场主体"洗牌"、金融危局等形势的影响,谨慎研判,由此不断优化文化产业政策。

1. 文化冲突和文化经济政策

在全球疫情语境下,文化政策的走向充满变数。原本已经存

---

① 本文原载于 2020 年 6 月 18 日"深圳文化产权交易所"公众号。

在的中美贸易摩擦、欧美发达国家的分裂（英国脱欧），都将使大国文化冲突加剧。还有局部地区的矛盾升级，如朝韩关系的进一步恶化，中东阿拉伯社会矛盾，发达国家的种族歧视等，都在疫情之下变得更加复杂。中央在 4 月就已经做出"做好较长时间应对外部环境变化的思想准备和工作准备"的判断。应该说，疫情局势正在加剧世界范围内的文化冲突。在新的形势下，各国在文化政策上形成何种倾向，政府在文化发展中所承担的角色有何变化？这些都将映射到本国的文化产业与文化经济上。

未来很长一段时间内，在国际局势紧张和文化冲突的环境下，我国在文化政策上是更加开放还是被迫趋于封闭？这就是疫情防控常态化之下文化经济面临的首要问题。如何对待意识形态问题，如何对待公共文化服务供给（文化事业）和文化产业的关系问题，这些导向将直接影响文化经济政策和文化产业发展政策的基调，包括了财税、金融、文化贸易、土地等各方面的政策使用。从新时代发展需要看，积极的开放的文化政策仍然是我们应该坚持的方向，需要坚持积极的文化产业政策，而不能以疫情名义忽视了文化产业发展。

2. 产业链冲击、重构与逆全球化

全球疫情恶化，导致国际贸易和国际合作受到巨大冲击，此前形成的产业链循环变得脆弱不堪。世界贸易组织在 2020 年 4 月预计，2020 年世界贸易将下降 13%~32%，几乎世界所有地区的贸易额都将出现两位数下降。受疫情迫切影响，各国企业都在重构产业链，以便建立新的合作体系。疫情使原本已经堪忧的逆全球化趋势更加凸显，贸易保护主义蔓延。原本还未成熟的全球文化产业链和供应链受到了更大的冲击，因为文化产业生产往往离不开国际间人员往来，离不开密切接触场景。

在疫情之下，文化产业链将迅速缩短，全球合作密度减少，产业供应链区域化。当前需要研判的是，文化产业国际合作是否会持续脱钩，脱钩情况如果得不到改善，新的产业链模式将如何应对危机？在政策上对此应予以准备，要对在国内范围进行产业链修补和产业链竞争力重铸的企业给予大力支持。以往在产业链低端的企业，需要在危机之中寻找机会上移产业链地位。应在文化产业推广供应链金融服务，围绕应收账、存货、票据等资产进行产品创新，激活资产，提高文化企业供应链运行效率。

此外，我国在"一带一路"建设中的文化贸易和合作仍有空间，仍应积极予以财税和金融方面的支持。疫情之下，我国数字服务贸易有较大增长，文化企业应积极利用我国正在蓬勃兴起的数字技术优势打造竞争力，政策上对文化产业的知识型服务贸易可做专门的政策制定，对文化服务中的云计算服务、信息技术解决方案服务、人工智能服务等进行扶持。

3. 传统模式的"终结"与数字化迁徙

凯文·梅尼在《权衡：你的产品要的是体验，还是便利》中描述了现代经济中体验性和便利性的取舍：成功的模式要么具有好的体验感，要么具有好的便利性。大学、实体书店是需要通过接触和亲临现场产生的体验性，很多人认为这种传统场景模式似乎要终结了。疫情推动了很多非接触生产和消费场景的应用，如线上教育、线上会议、网络直播带货等，这些场景都是建立在现代互联网技术和数字技术基础上的。因此，有一个共识是，新冠肺炎疫情正在加速经济和产业的数字化转型。文化产业的数字化转型在加速，网络短视频、网络电影等文化生产和传播形态得到更快增长。如果疫情持续时间不够长，一些线上模式可能仍只是一种临时性的替代方案。但随着疫情长期化复杂化，一些应用场景将越来越体现出新的良好体验感，而且这些新的体验感会形成依赖，另一些应用可能会形成革命性的成本优势。传统模式不会终结，但只有少数完全依赖非数字模式的企业可以生存下来。

我国政府正推动数字经济发展和数字化基础设施建设，抗疫常态化使"新基建"更加具备了合理性和必要性。在5G、人工智能、物联网、工业互联网这些新技术的支撑下，文化产业将具备全新的生产、传播和消费空间，新供给和新消费模式会创造出来。国家正在推动"国家文化大数据体系"建设，中宣部在相关通知中指出，"建设国家文化大数据体系是新时代文化建设的重大基础性工程，也是打通文化事业和文化产业、畅通文化生产和文化消费、融通文化和科技、贯通文化门类和业态，推动文化数字化成果走向网络化、智能化的重要举措"。在新的基础设施之下，文化生产的效率会有改进，成本将大大降低。我国各级政府对数字文化产业都给予了极大关注,政策上将关注文化产业结构重组,文化科技型企业更加受到青睐,资本也将重点向数字文化企业倾斜。一个可能性是,数字化巨型文化企业会出现,巨型的数字文化基础设施掌控文化经济命脉,但同时这会带来经济(垄断等)、法律(公民隐私权等)、社会治理(数字治理集权等)方面的一系列问题,这些都是政策优化中需要考虑的。

4. 刺激消费的政策取舍

我国仍致力于供给侧结构性改革,提高供给质量。这会带来新的产品和服务供给,会对消费提供支撑。但在疫情的冲击下,萎靡的市场使刺激消费政策刻不容缓,人们都希望这能够在短期内恢复经济活力。但消费刺激政策的基础并不好。"6亿人人均月收入不足1 000"揭示了一个现实,作为发展中国家,中国在消费端并不像人们想象的那样充满持续的韧性。直到2020年5月份,我国消费增速仍然是负增长,消费市场仍没有完全恢复。当前,又遇到局部地区(吉林、北京)疫情的反弹,这对通过刺激消费来恢复经济的路线来说困难重重。

反映在文化生产和文化消费领域,是长期时间内文化消费政策的平衡取舍。作为处于马斯洛需求层次的高层的文化消费而言,要面临两个问题:一是实施积极的还是保守的消费政策?过早重启会带来较大的风险隐患,但不及时重启文化、娱乐、旅游、休闲等领域消费,整体社会消费活力都难以得到复苏。这就要求政策制定和执行中，要谨慎研判。当前看，不能因为惧怕疫情风险复燃而放弃消费刺激政策。二是刺激文化消费的潜力有多大？实际上我国居民文化消费水平一直处于较低的水平上（占居民收入的4%左右），疫情期间，文化消费在消费结构中的地位将如何走向？对结构性、短期性的"报复性消费"是可以期待的，但长期看，文化消费恢复甚至有所提升需要依靠供给侧制度变革和产品供给优化来实现。

5.市场主体"洗牌"

疫情持续5个月，文化产业的大多数企业面临成本增加、营业收入下降、经营亏损的困境，影视、演艺、文旅、会展等行业在复工复产边缘反复拉锯，受影响最大。很多文化企业事实上进入破产状态，很大一部分企业已经无法复工复产。疫情当前，保市场主体是"六保"之一，保居民就业、保基本民生、保粮食能源安全、保产业链、保供应链稳定都与保市场主体有着不同程度的关系，所以中央政府一直要求必须保市场主体，并就此出台了一系列政策，如《关于进一步强化中小微企业金融服务的指导意见》（银发〔2020〕120号）。2020年6月17日，国务院总理李克强主持召开国务院常务会议，再次要求为企业降费减负。

当前首要任务是活下来。山东等地方实施中小微企业本年税费全免的政策，类似的政策将对保主体保民生保就业都有极大益处。一些地方针对文化产业专业出台上相关政策，北京市等地方出台了《关于应对新冠肺炎疫情影响促进文化企业健康发展的若干措施》等。但是，这其中也有一些问题需要政策把握。一方面，在保中小微企业的同时，如何提高大中型企业的竞争力，以期在长期的产业链重构中发挥核心企业的重大作用。另一方面，疫情周期越长，市场主体的格局变化就越大，一些没有竞争力的企业必将淘汰，那么市场主体的大"洗牌"不可避免，所以保市场主体需要辩证地"保"。

从长期看，要在市场主体上下的功夫是增强市场竞争力而不是保生存。所以进行政策优化的主要路径是优化市场机制。文化产业更加需要市场机制的完善。中共中央、国务院先后发布《关于构建更加完善的要素市场化配置体制机制的意见》和《关于新时代加快完善社会主义市场经济体制的意见》，这是我们应对疫情长期影响、塑造整体经济实力的重要政策依据。

6. 金融危机与支持实体经济发展

疫情发生5个月以来，国际经济形势持续恶化，很多专家认为金融危机实际上已经到来。至少，疫情已经大大增加了发生重大金融危机的概率，对世界各国的金融业提出了严峻的挑战。就我国而言，当下，一方面要防范金融危机的发生，保持金融体系健康，另一方面要通过金融支持实体经济发展，同时还要推动金融进一步开放。关于如何利用金融手段支持文化产业，各级政府出台了很多政策。国家层面上，主要体现在中国人民银行、财政部等各部委的一些政策中；地方层面上，有一些专门针对文化产业的金融政策，体现在地方政府出台的文化经济政策当中。这些政策的主要内容包括降成本、优化服务等方面，其中心思想就是"活下来"。

随着疫情的复杂化和抗疫的常态化，除了一些简单实用的现有工具的使用，文化金融政策还要对金融改革和未来发展趋势做出回应。疫情之下，目前依赖传统金融机构和债权融资提供资本供给较多，主要是银行信贷和企业债券。近日，国务院副总理刘鹤指出，要"建制度、不干预、零容忍，加快发展资本市场"。从这个原则上看，文化金融也要进行政策调整，要在完善监管制度的基础上鼓励创新，恢复金融创新活力；应充分利用创业板注册制和新三板改革机遇，大力鼓励股权投资，激发社会资本潜力；应鼓励私募股权基金投资，构建文化产业投资领域的股权投资与信贷、融资租赁、债券联动机制。

更重要的一个优化路径是推动文化金融基础设施的构建，包括文化产业信用体系建设、文化资产（尤其是无形资产）评估体系、文化数据数字资产评估、交易与流转体系、文化金融市场信息系统等。北京市《关于加强金融支持文化产业健康发展的若干措施》（2020年3月印发）等一些政策文件对基础设施和文化金融机构专营化等基础性工作都开始重点关注，这是一个良好的政策趋势。

在区域金融改革中促进文化金融进一步发展[①]

2015年以来，我国推动区域金融改革试点工作并取得了积极成效，目前在全国有多个地区已经成功开展改革试点，有效提升了区域金融发展水平。作为一种特色金融，近年来我国文化金融取得了较大进步，在区域金融发展和区域经济发展中发挥了重要作用，但在区域金融改革过程中还未找到明确的定位。当前，"十四五"规划周期即将开始，文化建设和文化产业的重要性凸显，应重新认识文化金融与区域经济发展的关系，积极探索在区域金融改革框架下促进文化金融进一步发展的新路径，推动将文化金融纳入区域金融改革试点工作中，强化文化金融服务文化实体经济导向，从而进一步提升文化产业的国际竞争力和国家软实力。

1. 文化产业的战略重要性凸显，亟须强化金融支持

金融不仅要服务实体经济，更要服务国家战略全局。文化产业是实体经济的重要组成部分，而且在国家文化建设战略中具有极为重要的地位，这决定了金融支持文化产业的必要性。

2020年9月23日，习近平总书记在教育文化卫生体育领域专家代表座谈会上的讲话中提出，文化有"四个重要"："统筹推

[①] 本文原载于"巍观经济学"公众号，2020年12月31日。

进'五位一体'总体布局、协调推进'四个全面'战略布局，文化是重要内容；推动高质量发展，文化是重要支点；满足人民日益增长的美好生活需要，文化是重要因素；战胜前进道路上各种风险挑战，文化是重要力量源泉。"习近平总书记指出，在"十四五"时期，我们要把文化建设放在全局工作的突出位置，要"繁荣发展文化事业和文化产业，不断提高国家文化软实力，增强中华文化影响力，发挥文化引领风尚、教育人民、服务社会、推动发展的作用"。

作为文化生产和文化供给的重要方面，文化产业发展已经彰显了其在文化建设领域的重要性，没有文化产业，文化建设是不完整的，也是缺乏基础的。2020年9月17日，习近平总书记在湖南长沙考察调研时指出："谋划'十四五'时期发展，要高度重视发展文化产业。"这为进一步推动文化产业发展注入了强大的精神动力。

近年来，我国文化产业发展已经取得了较大的成就。根据国家统计局发布的数据，经核算，2018年全国文化及相关产业增加值为41 171亿元，占GDP的比重为4.48%。其中文化核心领域创造的增加值为27 522亿元，占文化及相关产业增加值的比重为66.8%；文化相关领域创造的增加值为13 649亿元，占比为33.2%。从2018年到2020年，文化产业距离成为国民经济支柱性产业只有一步之遥，而且与其他产业的融合度以及与国民经济体系的融合度也有较大的提升。

我国文化产业的发展与金融的支持是密不可分的。但是，目前我国在用不到 1% 的金融资源支撑着一个即将成为国民经济支柱性的产业，金融体系对文化产业的资本供给与文化产业的重要战略地位仍是不匹配的。如何推动金融体系更加充分地支持文化产业，如何更加充分地发挥金融在文化产业资源配置的积极作用，需要我们认真思考。

2. 文化金融进步明显，在区域金融和区域经济中的地位日益重要

区域金融发展与改革创新，需要根据区域经济发展的实际需求，又需要结合区域经济特点进行有针对性的规划，积极发展有特色的区域金融。经过多年发展，文化金融在我国各地尤其是东部地区取得了很大的进步，已经具备了相对清晰的发展模式，符合特定区域的金融发展要求。

2009 年，我国发布《文化产业振兴规划》，对金融支持文化产业发展问题提出了框架性的要求。在金融支持文化产业发展的同时，文化金融作为一种特殊的金融服务业态逐渐形成了自身的机制和特点，使文化金融成为与科技金融、绿色金融等一样具有一定专业性的特色金融范畴。经过多年发展，无论是在债权领域和股权领域，还是在风险管理领域，一批具有文化金融特色的金融产品被创新出来，市场上出现了文化专营支行、文化融资租赁、文化小贷等一批文化金融机构，多层次股权资本市场与文化产业的融合度得到极大提升，文化要素市场也正在逐步完善。

我国有一些地方很早就将文化金融纳入区域性金融发展规划，如在2011年发布的《北京市"十二五"时期金融业发展规划》中，明确提出"加快健全文化金融服务体系"；在2016年发布的《北京市"十三五"时期金融业发展规划》中，又明确提出要"开展文化金融创新"，与民生金融、数字普惠金融、绿色金融等并列作为重点发展任务的组成部分。又如在2016年发布的《四川省金融业"十三五"发展规划》中，提出要"探索开展文化金融创新，建立多元融资渠道，发展文化产业集群"。近年来，区域文化金融发展迅速，从城市角度看，北京、深圳、上海、南京、广州、成都、宁波、杭州、西安等城市在文化金融发展上都取得了长足的进步，文化金融对文化产业的贡献率大大提升，文化金融与区域经济的关系更加密切。随着文化金融的发展，更多的地方政府正在将文化金融纳入到区域金融发展规划当中。

文化金融受到逐步重视很重要的原因之一，是文化产业与区域经济发展之间的关系越来越密切。在生态文明建设、经济结构调整及产业转型升级的背景下，文化产业成为东部很多省市的重点发展产业，而中西部地区（如青海、陕西等）更需要通过发展文旅产业带动地方经济发展，解决经济发展与生态文明建设的矛盾。文化产业与区域经济发展的这种关系，实际上也是文化金融与区域经济发展的关系，因为在这样的战略需求下，如何发展文化金融，如何更好通过金融在文化领域实现资源配置，已经成为了极为迫切的任务。

虽然在区域经济发展层面有战略需求，但文化金融还不是国家层面推动区域金融改革的重点领域。目前中国人民银行推动的区域金融改革试点涉及 18 个省（市、区）的 26 项专题，主要包括农村和小微等普惠金融、绿色金融、科技金融以及金融支持自贸试验区建设等，这些领域虽然或多或少与文化产业相关，但毕竟无法聚焦文化产业，也无法通过基于文化产业特点和实际需要进行金融改革和创新。因此，文化金融能否纳入区域金融改革的工作当中，是进一步整合各方资源支持文化产业更好发展的关键之一。

3. 推动区域文化金融变革，积极服务区域经济和国家战略

将文化金融纳入国家层面的区域金融改革蓝图当中，有利于更好地贯彻习近平总书记和中央在文化建设和文化产业方面提出的战略部署，有助于提升文化金融在国家金融发展规划中的地位，从而更好服务文化建设和文化产业。在区域金融改革这个框架下推动文化金融发展，不仅需要中国人民银行等金融监管部门的重视，同时也需要有这方面优势和战略需要的地方政府积极协调资源，继续练好内功，推动区域文化金融变革，积极服务区域经济和国家战略。

2019 年 12 月，北京市东城区、浙江省宁波市已经成功取得"国家文化与金融合作示范区"的创建资格，这为文化金融在区域经济发展框架下进行进一步变革提供了良好的基础范本。经过示范效应的积累，一些地方可以通过"国家文化与金融合作示范区"的创建工作，积极取得金融监管部门的更多支持，将文化金融纳

入区域金融改革总体蓝图之中。

在充满不确定性的国际局势和当前我国"双循环"新发展格局下,文化金融本身需要练好内功,积极完善文化金融体系。文化产业发达的地区应将文化金融纳入"十四五"规划当中作为一项重要工作来抓。应以服务区域经济结构调整和产业升级为目标,积极推动制度供给。不仅要根据当前文化产业需要推动新的政策,还要精耕细作既往文化金融政策,充分释放政策红利,形成区域性文化金融政策体系。应以内循环为主体,推动文化金融服务刺激内需和区域文化消费,创新文化消费金融产品。应以"新基建"为契机,以金融科技应用加快推动文化金融场景化革命,重视数字化基础设施建设,重构新型文化金融服务体系。

在服务区域经济发展的同时,区域文化金融发展还要结合国家战略,要积极服务国家战略。要支持文化产业在乡村振兴战略中发挥作用,要支持文化产业发展在区域协调发展战略中发挥作用,更要在推动"一带一路"愿景与行动中重点支持文化产业国际合作和文化贸易。

第二部分

静水流深：变革中的文化金融

创新与变革时代

文化金融与数字经济携手

IP、众筹、区块链，文化、科技、金融三元动力并举

文化金融与金融改革大时代相遇

压力、变局、重塑能力，文化金融在规范中成长

蓄势而动，静水流深

第三章
文化金融前沿与热点观察

文化金融发展趋势、前沿及三元动力结构[①]

如果要探讨文化金融发展趋势和前沿问题，首先要回答到底什么是文化金融。文化金融本来不是一个专有名词，但是经过这两年的努力，关于文化金融的内涵和边界已经慢慢清晰了，它与文化产业一样，具有很强的中国特色，是对世界的一种贡献。我对文化金融的定义是：文化生产领域金融服务与资本市场的产业形态和运行体系。这是一种大金融视角的自在而后自生的产业形态，这个产业形态包括金融中介、投资并购和新金融三个层次，形成相互独立而互相关联的运行体系。

---

① 文章原载于"梅花与牡丹文化创意基金会"公众号，原题为《文化金融发展的趋势与前沿》，由 2016 年 8 月作者在山东省文化产业资本创投峰会的主旨演讲整理。

文化金融：通往文化世界的资本力量

1. 文化金融发展趋势

2015年年底，中国文化金融50人论坛创立之际，我在《华夏时报》的专访中就文化金融发展的趋势做了一个粗浅的判断，就是"主体下沉、聚焦版权"。2016年初，我曾经就文化金融可能发生的一些变化做了预测，认为中国整体金融环境与内容产业资本结构的相关性增强，这种相关性会比以往更加明显地体现在产业政策和企业行为上；持续加强的文化科技（Cul-tech）创新在2016年继续满足资本市场的需求惯性，文化科技投资的比重会进一步增大；国家政策面会对具有文化国力战略意义的文化金融予以回应等。

结合以上两个时间的判断，我认为中国文化金融发展未来五年的趋势可以归纳为四个方面：主体下沉、直融为主、聚焦版权、科技为先。

第一，主体下沉。就是以社会资本为主体的金融服务与投资主体结构形成。政府资本、金融资本在文化产业发展初期是主导力量，这是产业发展的必然，也是中国文化产业投融资的特点。经过十几年的发展，文化产业已经进入转型期，在文化产业的投资主体和金融服务主体上，应该更加侧重于社会资本和市场的力量。这两年社会资本投入文化产业的热情很高，而且一定会持续增加，因为当一个经济体进入中等收入发展阶段，文化消费的快速增长对资本具有极大吸引力。但是民间资本投资还存在很多现实的困境，尤其是进入文化金融服务领域。

第二，直融为主。从"金融支持文化产业发展"到"文化金融合作"，间接融资一直都是文化金融的主要方面，这也是文化产业发展初期的特定环境和国家诉求决定的。现在看，无论间接融资渠道多么畅通，都不能解决产业资本短缺的根本问题，只依靠政府扶持更没有持续性。因此，文化金融必然从间接融资向直接融资为主转变，从而形成以直接融资为主的多层次资本供给结构。但是我们又不能忽视间接融资领域的文化金融，包括信贷、信托、融资租赁、担保等，因为我们在这一领域还非常不够熟练，利用也不够充分。根据这一趋势，我对文化企业的建议是善用金融中介，精通直接融资。

第三，聚焦版权。文化金融一般是指文化产业金融，既然是产业金融，就需要有产业特征，不具备产业特征的文化金融没有典型意义。内容产业是文化产业的核心，只有围绕内容产业形成的文化金融才有产业意义。可喜的是，我们已经看到了围绕内容的资本形态已经初见端倪，一是金融机构针对版权的一系列债权类产品设计，二是投资市场 IP 的兴起，所以以内容产业和版权为中心的产业金融体系形成是个大趋势。

第四，科技为先。展开说，就是以文化科技为重点的投融资版图将形成一个大周期，大家已经看到，目前文化企业获得投资或间接融资的，一半以上都是具有科技含量或具有互联网技术背景的。这个周期可能要五年以上，但不会更长，因为没有内容的科技投融资版图是不持久的。

2. 当前文化金融的三个前沿性课题

当前文化金融发展的 3 个前沿性课题关键词是众筹、IP、区块链。2016 年，中国文化金融 50 人论坛的主要研讨活动也是围绕这三个主题展开的。

第一，以众筹为突破点的文化产业多层次资本市场构建问题。除了我们比较熟悉的证券交易所和场外市场，我们预判以互联网经济为背景的众筹模式会得到进一步发展，所以我们提出了文化产业资本市场的"筹投贷模式"。① 虽然股权众筹还有制度性障碍，但经过互联网金融风险专项整治之后依旧可以大发展，这是一种潮流。

第二，以 IP 为先导的版权产业资本市场和文化金融现象。IP 本质上是版权，而且一定是优质版权，所以 IP 产业已经成为有别于版权产业的一种概念，成为内容产业和版权产业发展的一种当代地标。虽然 IP 可能是一个阶段性的概念，但值得我们深入研究，因为这提供了一个解决版权产业长期以来存在的困境的机会。

第三，以区块链为标志的文化金融科技问题。在科技领域，我们认为最具前沿性的是区块链，这是能够带来产业变革的基础性技术。区块链在金融领域的应用被称为一种金融科技，我曾经

---

① "筹投贷模式"由姚余栋博士提出，具体含义可见本书文章《文化金融"筹投贷"模式势在必行》。

撰文描述过文化金融领域区块链技术应用的四个场景,包括版权管理、文化产权交易所、文化众筹、小额信贷等。

3. 关于"三元动力结构"

文化产业发展转型期,创新是主题词,无新不立。有一个经济学的共识是,创新是产业发展的一种驱动力。但是,怎么创新?从哪里入手?说到底问题是,哪些要素具有创新力?我认为现阶段文化产业创新动力结构是"三元动力结构",即文化、金融和科技,分别指向经济学意义的文化要素、资本要素和技术要素,这是目前三个最重要的要素。未来的核心要素会有变化,可能还要加上制度、知识和管理三个要素。

就企业来说,"三元动力结构"要求"坐一望二"①。从产业来看,金融显然是"三元动力结构"的短板,因此,文化金融的研究和实践都具有非常大的意义。但是问题还是很多的,如果用一句话概括,那么当前文化金融的主要障碍是文化产业还没有成熟的文化产业精神,也就是文化工业精神。

兴天下之利,无非尽职尽责。文化产业既然被赋予产业使命和经济责任,作为产业研究者和实践者,那就要义无反顾地探索和遵循经济规律和产业逻辑,培育产业精神,促进产业发展。

---

① 即在基于企业性质的核心能力之外,对另外两种能力进行补短。

文化金融：通往文化世界的资本力量

互联网经济背景下的文化金融新形态[①]

我国文化产业在经济新常态下有机遇也有挑战，"互联网＋文化＋金融"，指明了当前文化产业发展中的几个核心问题。将核心问题从三个方面展开，一是金融视角下的文化金融是何种状态，二是互联网经济背景下文化金融有哪些变化，三是这些变化的标志性焦点领域是哪些。

1. 金融视角下文化金融的范畴及整合

文化金融这个概念是中国的一个创造，但产业形态在世界范围内并不是新的，早已有之。在我国，文化金融被用来描述服务于文化生产领域的金融服务形态和资本运行体系。艺术品金融是文化金融的重要组成部分，另外还有电影金融、版权金融、传媒产业资本市场、演艺产业资本市场、动漫产业资本市场等范畴，这是从产业或者行业视角的分类，其核心是内容产业。当立足于某一细分产业时，文化金融还要与产业链、价值链和供应链紧密结合起来。

如果从金融学的视角看文化金融，可以分为四类形态：债权类文化金融、股权类文化金融、风险管理类文化金融和互联网金

---

① 本文由作者在 2016 年 9 月 10 日 "第七届中国文化产业前沿论坛暨第十八届峰火文创论坛"的演讲整理，内容有调整。

融类文化金融。第四类是互联网经济背景下形成的金融服务和资本市场新形态,技术对传统金融产品和资本运行模式进行了变革,这一类需要独立分析。

这个分类我们是在组织编写"文化金融蓝皮书"时采用的,从这个角度能比较清晰地认识与文化金融有关的金融机构、金融产品,也能够比较清晰地认识文化金融基础设施建设和金融环境等各种问题。

虽然这个纵向梳理比较清晰,但在实践中,还需要另一个视角。因为我们需要将文化金融当作一个整体来看,而不是分解为条条块块来看。这个视角是产业金融视角,需要把这些纵向的金融整合起来,做机制研究和产业比较研究。然而,这在当前非常困难。不仅金融和文化之间存在信息不对称,金融部门之间也存在信息不对称,形成发展障碍,包括形成潜在的金融风险。

另一种整合是平台整合,就是金融科技发展带来的新金融平台对金融业务进行整合。这个平台横跨了各类型文化金融服务和产品,在新平台上实现融通、增值、风险管理、价格信号等金融功能。这就是下面要说的第二点。

2. 互联网经济背景下文化金融有哪些变化

当今,互联网经济的内涵已经发生了巨大变化。互联网不再仅仅是一个行业,而是所有经济体的神经网络,同时互联网技术本身也取得了重大变革性进步。从互联网到物联网,虽然新的概念开始涌现，但是思想没变，那就是人们在构建一个相互连接的世界。互联网、大数据、云计算、区块链，这些都是互联网技术变革的里程碑。互联网技术的变革，直接带来了新一轮金融科技的革命，使金融产品在新的平台和渠道上运行，加速了金融服务和资本运行体系的变化。在互联网经济背景下，文化金融会有哪些变化呢？

变化1：互联网金融类文化金融平台的出现

互联网金融的发展方向是共享金融，充分发挥社会资源潜力是互联网金融得以存在的价值基础。P2P、众筹、第三方支付等新模式是当前互联网金融的主要形式，目前互联网金融机构纷纷采用新技术新模式为客户提供服务，使交易更快，成本更低。结合文化产业特性的新金融模式也随之诞生了，比如目前有很多专门的文化产业众筹平台，产品以奖励众筹为主，因为文化产品的个性化和多元化，使这个模式在文化产业表现得最为明显。

变化2：文化金融基础性条件的完善和夯实

金融要求收益性、安全性和流通性。收益性和流通性在互联网时代被放大了，比如IP的出现，但安全性问题在文化产业领域比较难解决。因为文化企业和文化产品的一个特点是风险性高，难以评估。在新技术条件下，新的评估体系将完成构建。例如，现在有一些企业推出了基于大数据的文化项目评价服务，这为文化金融服务提供了可靠的基础，这是大数据金融的一种形式。

变化 3：使得中小金融机构作为文化金融的主力成为可能

技术增强了中小金融机构的核心竞争力，使得金融服务的范围扩大，这为中小微文化企业提供了新的发展机遇。中小微文化企业的融资难一直是产业之痛。现实是，指望大型商业金融机构无微不至地为中小微企业提供服务是不现实的，也不符合经济逻辑，现有的小微服务也是市场逼出来的，而不是一纸政策条文可以左右的。所以从长远看，充分利用互联网技术的中小金融机构才是中小微企业的主要金融服务供应商。

变化 4：金融体系技术变革带来普惠性效应

互联网的发展不仅仅是推动互联网行业产生了互联网金融这个新业态，还推动了传统金融的互联网技术应用，共同构建了互联网金融新生态，以后没有什么金融机构与互联网模式无关了。文化金融作为金融体系的重要组成部分，必然也在其中。这是从金融体系的纵向看，属于共性部分，是整体变革所带来的影响。

3. 从三个焦点领域认识文化金融新形态

从当前的焦点领域出发认识变化，认识创新，是最便捷的方法，但还需要看到焦点背后的本质。我选择的三个焦点是 IP、区块链和众筹，中国文化金融 50 人论坛成立时就把这三个焦点作为 2016 年关注的三大课题。为什么选择这三个焦点，这其中的逻辑我们将做一解释。

文化金融：通往文化世界的资本力量

从经济学角度上，传统的生产要素有土地、资本和劳动力，马歇尔后来将企业家才能也列入在内。宏观微观分野以来，尤其在现代，关于推动宏观经济增长的内生动力问题有了很多新的内容。总结起来，这些内生动力包括技术、知识、制度、管理、文化和人力资本等。就中国当前经济发展而言，我赞同科技和文化双动力的提法，当然还要加上任何时候都不能缺少的资本要素。

科技、文化和资本这三个是"新常态动力"，对整体经济至关重要。落实到当前的文化产业，科技要素、文化要素、资本要素是三个主要动力，所以我说文化产业是"三元动力结构"。我也曾说文化产业不仅仅是创新驱动的，而是多元驱动的，是要强调文化产业还不能忽视资本驱动，这也就是我们大谈特谈文化金融的原因。

那么，这三个要素或者说三个驱动力，在当下表现为哪些文化金融焦点呢？就是分别对应的IP金融、区块链金融和众筹金融，而且这三个焦点都和互联网有着密切关系。

第一，作为文化要素的体现，IP产业的形势必引发金融的特别关注。虽然IP本质上还是版权，属于内容产业，但它是版权体系的一支奇兵。它是天然的带有互联网基因的市场性概念，是一个网生世界，因而也充满了价值前景。2016年我们重点关注了IP产业，主要关注金融和资本市场的反应。

基于IP的文化金融形态变化是什么呢？主要是企业或项目的评价标准发生了变化。企业开始有了IP经理，金融机构开始考察文化企业是否具有IP潜质的版权资产。因此，围绕IP形成一种投融资业态和资本运营体系,是具有阶段性特定意义的,我称之为 IP 金融,它或可成为版权金融和内容产业成熟起来的突破点。

第二,作为科技要素的体现,区块链技术将造就新型金融生态。分布式确权、分布式传播、分布式存储、分布式记账,区块链的设计思想将引发商业模式、盈利模式的巨大变化,也将引发金融形态的新变革。作为互联网底层技术,区块链在文化金融领域是金融科技与文化科技的完美结合。2016 年 8 月,我与同行在中国区块链产业大会上,就文化金融和版权领域的区块链技术应用做过专门研讨,专家一致认为这个领域的应用比其他行业更加丰富多彩,更具有落地可行性。在文化产业,已经有艺术品区块链应用平台上线,除此之外还有小贷、文交所等应用场景。虽然现在讨论区块链的人开始多了,但是落地项目还很少,投资也寥寥无几,只有几千万元,远没有达到"过热"或者"泡沫"的程度,建议大家多关注这个领域。

第三,作为资本要素的体现,互联网众筹的出现为多层次资本市场提供了新的选项。众筹之所以不同于传统意义的集资,就在于其互联网特性和新的市场规则。股权众筹、债权众筹通过互联网技术实现跨地域、跨越传统人际关系;产品众筹、奖励众筹更使得消费者能够参与生产,消费者意见不是通过问卷而是"投票"传递给厂商。因此,众筹虽小,但其具有很深刻的社会意义和市场意义。有学者提出了"筹投贷模式",认为众筹能够成为文化产业多层次资本市场的有机组成部分,但这需要更深入地研究其中联动机制的可行性。这个市场的规模目前只是 10 亿元左右,我想，经过这一年的互联网金融整治，从 2017 年下半年开始，众筹市场会进入新的快速增长阶段。

当然，我们还要看到，在互联网背景下，文化金融的这些变化，必然有过热、非理性、规则不成熟的隐患，必然会暴露出新的风险，所以随之而来的就是风控和监管问题，因为这不仅是金融体系治理的要求，更是文化金融研究和实践必须要注意的。

从焦点回溯到宏观，见微知著，文化金融的意义重大。如果没有完善的文化金融体系，就没有文化产业，也就无法在"十三五"时期推动文化产业成为国民经济支柱性产业。而文化金融在互联网经济背景下必然会呈现出新的形态，我们需要培育文化产业精神，审慎观察、积极推进，共同构建新时代的文化金融体系。

文创产业爆发，IP 金融静水流深[①]

IP 这个概念本来是指"知识产权"（Intellectual Property，IP）的，而"知识产权"已经形成特定的含义，《世界知识产权组织公约》（WIPO）也有明确定义。我们知道这是 IP 的源起，但我们现在要说的 IP 是中国人的一种创造，又不完全是一回事。

从 2014 年"IP 热"开始，业界用 IP 特指那些具有较大开发利用价值的原有作品，可能是小说，也可能是游戏。IP 热直接使

---

① 金巍. 文创产业爆发，IP 金融静水深流［N］. 华夏时报，2016-05-30（34）. 内容有调整。

得 2015 年成为 IP 的囤积年，似乎 IP 的概念也被夸大化了，成了一个约定俗成、心照不宣的词汇。从 2016 年那些被认为是来源于 IP 资源的作品看，这些 IP 原型是小说（网络小说为主）、话剧、动画、网游、综艺节目、歌曲、散文等，总体上属于内容产业，以影视行业为主。

内容产业"IP 热"的持续，是资本和金融起到了至关重要的作用，然而人们用"追逐""热捧"来形容资本对 IP 的热情，令人喜忧参半。据笔者观察，一种基于 IP 产业的产业金融和资本市场形态正在形成，即 IP 产业金融（简称 IP 金融，IP Finance），我们需要冷静面对这一新兴的产业业态。

1. 概念与范畴：IP 是市场导向的，是具有产品体系开发潜质的优质版权

要研究 IP 产业和 IP 金融，首先要明晰 IP 的概念，界定其范畴。当前，由于现有 IP 概念的模糊性，所以 IP 产业的边界也是模糊的。美国以版权产业（Copyright Industry）定义文化创意及内容产业，联合国对版权产业也有明确定义，我国也有版权产业方面的统计。据公布的统计数据，2014 年，我国核心版权产业的行业增加值达到了 2.7 万亿元，全部版权行业增加值为 4.6 万亿元，占 GDP 总量的 7.28%。版权是知识产权的一种，我们说的 IP 最接近版权，但为什么业界大谈 IP 而不是版权？

版权是治理导向或法治导向的概念，但中国人对 IP 的阐释从

一开始就不是法律意义的版权，而是市场导向的，是具有开发价值的原有作品，甚至包括超出版权范围的一些符号。虽然IP已经形成特定含义，泛化IP概念也并无太大意义，不能把任何有价值开发潜力的符号化的事物都归于IP，但从研究角度上还是需要相对清晰的边界，从实践上也避免盲目跟风而导致资源浪费。

从两年来的产业实践看，综合各方观点，IP的基本内涵可总结为以下几点。

第一，IP是基于内容的，IP产业是内容产业的一部分。IP本质还是一种版权，是著作权及相关邻接权，从产业实践中当事方签署的法律文件表现出其归属性。既然IP是版权，一般是附带内容的，无论原有内容是否再利用，尽管有些IP作品只是关联性的合法同名，但与原有作品内容无关。无论如何，所谓IP，仅仅附带文化或情感是不够的，比如商标。《同桌的你》等几部不错的电影被认为IP原型是那首广为传唱的同名歌曲，几个热播的综艺节目也产生同名电影，虽然看起来比较牵强，但至少有有内容的。而有人说吴宇森、NBA等招牌或品牌也是IP，这种说法只可当作一种"修辞"。

第二，IP是基于市场导向的，是一种优质版权。这种市场导向要求版权有超乎一般的价值，是互联网时代和粉丝经济催生的产物，所以不是所有的版权都能成为IP，这是IP与版权的重要区别。是否优质，IP要经过至少一轮的市场检验，有专家认为IP要经过两轮的市场检验，这时才可以称为IP。常有这样的情形：由于某一轮的成功，源头被"追认"为IP，而原本并不认为是IP，例如《芈月传》电视剧热播之后，原著小说才被认为是 IP。当前，人们对 IP 主要基于一种主观的价值判断，如果不是经过市场检验的，就需有符合逻辑的估值模型和科学的市场评价手段来判断。

第三，IP 是基于产品体系的，有持续价值累积的潜质。IP 与传统的文学版权购买和版权经纪不同，因为在这个体系中，任何一个节点（作品形态）都可能成为 IP。话剧可以改编为电影，电影也可以改编为话剧。同时，一个优质的版权不仅取决于价值，还取决于是否具有持续多类型开发的潜质。一部 IP 电影，不仅生产同类同名续集，还要能够开发其他类型内容产品，甚至包括衍生品。一个好电影，勉勉强强能拍一部续集，算不上真正的 IP，一个 IP 诞生之时，它就死了。

基于以上 IP 的概念分析，我认为 IP 产业既是内容产业的一部分，也是版权产业的一部分，或者说，IP 产业是以优质版权为核心的内容产业。从当前产业发展的速度看，基于 IP 产业的金融业态正在形成，表述这种业态用通行的"版权金融"这个概念也不完全适合，所以暂且用 IP 产业金融来表述它。

2. 特征与意义：IP 产业金融或可以推动版权金融和内容产业的快速成熟

如果要在某种形态或产业名称加上"金融"两个字，那它应具有相对完整的产业体系和较为严谨的资本市场运转机制，IP 产业金融如果存在，也应符合产业金融的基本特征。

我曾总结过文化金融作为一种产业金融形态具备的一些特征：有执行性较强的顶层设计和产业金融制度；银行、证券、保险、担保、信托、基金、评估等机构以及产业资本等全方位介入，金融资本与产业资本充分融合；形成特有的产业金融生态环境和生态文化；形成以创新的金融工具和产品为特点的、独特的金融生存方式；形成以资本为中心的，覆盖产业链、供应链和价值链的资本运行体系，就是所谓"链性覆盖"等。虽然从以上产业金融特性看，IP金融还难成一种成熟业态，不过已经开始呈现了某些产业金融的特征。

IP金融作为一种特殊的版权金融，若能围绕IP形成一种投融资业态和资本运营体系，是具有阶段性特定意义的。它可能突破版权金融几乎等同于版权交易的向限，或可能成为版权金融成熟起来的突破点。

首先，在当前的内容产业中，IP是基于市场的价值判断，而且多数具备有一定的互联网基因，是基于消费者（或"粉丝"）的需求判断，更容易吸引资本的热情，围绕IP进行资本运作更具前景。例如在影视市场上，2015年已经出现了几部现象级的基于IP的影视作品，如《花千骨》《琅琊榜》，都是在大热的网络文学基础上开发的。2016年，原来囤积的IP开始爆发了，据说可能有200多部作品要面世，其中主要作品形式就是电视、电影和网剧。

其次，IP的系统性开发串联了整个内容产业，增强了文化消费市场的活跃度，如《武林外传》从电视剧开始，开发了电影、游戏等产品，还介入图书发行，将内容产业多领域整合起来。这种系统性和活跃性可以激发资本的热情，并主动创新金融服务，推出更有效的金融产品。这种自主的市场驱动的产业金融，具有更强的创新能力，发展速度更快，更容易成熟。

3. 路径：金融逻辑视角下，IP 与 IP 产业需强化资本市场契合度

在金融视角下，IP 不能仅仅是资源，还必须是一种资产和资本。IP 金融如果是一种形态，应是基于资本市场契合度的，也就是需要符合金融的逻辑。一方面要能够实现金融的基本功能，另一方面要符合产业特点，设计独特的产业金融方案。

第一，金融的一般逻辑是"跨期进行稀缺资源配置"，金融的功能不仅仅是融资，还有信用、风险、增值等功能都需要实现。IP 以版权形式通过估值成为一种无形资产，可以从资产负债表中体现，还可以作为债权市场的抵押物，既是信用和风险管理的一种保障，又是设计风险管理方案的基础。金融的主要功能之一就是保值增值，作为金融化的版权，IP 的保值增值功能已经得到市场认同。光讲故事是不够的，需首先回归 IP 的本质，强化版权属性，科学估值，依法保护，这样才能发挥 IP 作为无形资产和金融化资产在资本市场上的作用。

第二，产业金融的逻辑是基于产业特性产生新的金融模式。IP 基于市场导向和产品体系的特点，使 IP 金融有别于版权金融。资本市场参与者不仅以金融中介方式，而且有更丰富的资本方案

介入产业之中。社会资本的参与度在这个市场可以更加活跃，在资本市场层次建设上也有很多不同之处。例如IP项目比一般创意项目更适合众筹，尤其是产品众筹在IP产业中具有天然契合度，能将融资与市场开发、检验、决策等功能巧妙结合，应充分利用。

第三，充分利用金融科技手段为IP金融发展保驾护航并注入新的活力。IP的价值性促使相关者更加重视版权保护，而版权的权属明晰是这一产业金融的基础。然而，传统的版权保护体系显然力有不逮，而且也无法充分发挥IP的价值。与其等待自上而下的变革，不如发挥金融科技和市场的力量对版权保护进行革命。作为金融科技的重要类型，区块链技术或能为版权生成、保护和交易提供新的路径。我们希望尽快建立一个"IP产业与版权区块链实验室"，深入探索版权领域的新金融模式。

总之，我国的内容产业和版权金融市场还不成熟，金融视角的IP金融思考和实践，有助于我国内容产业的规范化和系统化，有助于版权金融的丰富和完善。我曾就文化金融的范畴进行过三个层面的划分，即文化国力的文化金融、文化产业的文化金融和内容产业的文化金融，其中内容产业是核心层，因此，研究文化金融需要正视IP现象。虽然IP产业或IP金融都可能是过渡性词汇，但是对这一特殊的产业现象给予特殊关注还是非常有意义的。

文化、科技与金融：三元动力结构下文化产业的融合与创新[①]

在讨论何为现阶段文化产业发展的动力问题时，很多专家都对文化、科技和金融三者的作用提出了自己的观点。我将这三者称之为文化产业发展的"三元动力结构"，这是从经济学角度进行解读的。从我国当代经济发展的主要动力（或称为内生动力）看，科技创新（知识创新和技术创新）、文化创新是主要方面，而资本作为基本要素又不可或缺，所以我认为这三者既是现阶段我国产业发展的主要内生动力，又是最大公约数，对于文化产业更不例外。

在当前的文化产业发展中，文化作为动力本是题中之义，表现为文化资源利用与文化创意创新形成的产业动能。文化动力与文化科技、文化金融形成了文化产业的"三元动力结构"。从三元动力结构看，文化产业创新和融合发展，可能有几个方面需要特别关注，涉及产业融合、产融结合、文化与科技融合三个方面。

---

① 本文根据作者在2016年12月6日广州市社会科学院主办的文化产业主题高峰论坛的主旨演讲整理。

1. 从文化动力上，文化创意融合性产业发展和新文化经济实践更加深入

《国务院关于推进文化创意和设计服务与相关产业融合发展的若干意见》（国发〔2014〕10号）发布，在发展目标中提出"相关产业文化含量显著提升"，着力推进文化创意和设计服务与装备制造业、消费品工业、建筑业、信息业、旅游业、农业和体育产业等重点领域融合发展，其中"文化含量"这一命题值得我们更加重视。文化产业与相关产业融合发展，是对文化产业溢出效应的期待，不仅是为相关产业提供文化动力，也是宏观经济上的文化经济的新实践。这个领域，我认为推进的还不够好，中国社科院张晓明教授认为主要是协同上出了问题。

推动产业融合可以从两个方面入手：以某一行业为中心推动"文化+"；以某一特定经济区域为中心推动"文化+"。通过参加国家民委关于民族地区文化资源开发与文化创意提升主题的调研组，我走访了四个少数民族地区和成都、重庆。我们发现，随着我国文化产业发展向县城延伸，越到基层，越需要文化产业与相关产业融合，但问题很多，需要强化针对特定区域的政策协同和机制协同。

2. 从科技动力上，重点关注共性技术和底层技术，促进文化与科技的融合

文化与科技如何融合，最主要的方面当然是将科技应用于文化产业和文化公共服务体系。2013年，科技部等六部委发布了《国家文化科技创新工程纲要》，从这几年的发展看形势还不错，资本市场对具有文化科技含量的企业和项目尤其青睐。虽然文化科技的内容很多，但在共性技术和底层技术上还需要特别关注，我们需要在未来国际竞争中，在通用技术平台和基础设施方面取得竞争优势。

具有成本革命意义的3D打印和超技术意义的VR技术都值得关注，还有就是颠覆性的区块链技术。我一直关注区块链技术和文化产业的关系，提出了一些想法，也曾经参与工信部组织的区块链白皮书的撰写。在《中国文化金融发展报告（2017）》中，我们将区块链技术应用列为了专门的一章。在《中国文化金融发展报告（2017）》中，我们认为区块链技术对文化金融、文化生产、文化治理、文化商业模式和文化产权五个领域产生重大影响，在文化产业和文化金融领域的应用场景我们列了有八个。

3. 从金融动力上，文化产业多层次资本市场建设要找到突破点推动产融结合

在文化金融的视角，产融结合就是发展文化产业的"产业金

融"，就是要形成具有文化产业特性的金融服务与资本市场体系，这个体系自生而自在。在资本市场体系建设上，多层次资本市场体系如何构建最为迫切，要激发社会资本和民间资本的活力，依靠传统的资本供给体系已经不适合了，所以我们一直提倡在完善传统的文化金融模式的同时，还应寻找新的突破点。

虽然互联网金融风险专项整治周期还未结束，但众筹仍然值得期待。2016年我们提出了"筹投贷"新模式，虽然还仅仅是理论模型，但对文化产业多层次资本市场构建是有参考意义的，因为它可能带来新的商业模式和资本市场民主形式。所谓"筹投贷"，一是从市场结构上，众筹市场能够作为互联网机制基础上的"五板市场"；二是从融资方式上，众筹能够与传统的投资市场和信贷市场形成联动关系，而且众筹具有前置功能。推动众筹市场成为多层次资本市场的重要组成部分，推动筹投贷模式，需要做到规模匹配、机制匹配、政策匹配和文化匹配。在2016年启动编写的《中国文化金融发展报告（2017）》中，我们将专门用一章做出阐述。例如，在政策匹配上，我们提出了财政扶持的"贴筹"模式设计。

从三元动力结构解读文化产业融合与创新，可能只是冰山一角，但这是很重要的那一部分。边界从来都是动态的，融合与创新会带来重新定义。我们需要新的模式和经济生活方式，因此，我们期待融合与创新的未来。

第二部分 静水流深：变革中的文化金融

文化金融"筹投贷模式"势在必行[①]

过去的2015年，也是我国众筹行业巨变的一年[②]。在2016年1月23日中国文化金融50人论坛成立大会上，中国人民银行金融研究所所长姚余栋博士结合文化创意产业特点，发表了题目为《文化产业金融的核心是筹投贷模式》的演讲，引起了业界的广泛关注[③]，本文在姚余栋博士观点的基础上，再重点阐述对"筹投贷模式"的一些基本认识。

---

① 本文原载于《中国民商》2016年第3期，内容有调整。
② 根据零壹财经的报告，2015年众筹市场规模超过了100亿元。元文智的中国文化产业投融资数据平台显示，股权类众筹事件共有148起，同比增长362.5%，募集资金总规模达6.68亿元，同比增长1 389.18%；奖励类众筹事件共有1 792起，同比增长50.46%，募集资金总规模为2.9亿元，同比增长510.2%。总体上，2015年我国共完成文化类众筹事件1 940起，募集资金总规模达9.58亿元。
③ 在2015年11月份举行的关于创立中国文化金融50人论坛的一次商讨会议上，中国人民银行金融研究所所长姚余栋谈到，当前资本市场总体模式是"投资信贷模式"，在中国当前的形势下这种模式很难解决根本问题。他提出，未来的模式应是"筹投贷模式"，他特别强调说，尤其文化产业，最适合"筹投贷模式"。在此之前，他提出的"54321模式"，重点强调了股权众筹的作用，提出将股权众筹打造为资本市场新五板的建议。随后在2015年12月3日的一次金融论坛上，姚余栋公开阐释了这一模式："金融助力科技创新不仅需要构建多层次的资本市场，特别是以股权众筹为代表的五板市场，而且要有筹投贷金融新催化模式创新。"2016年1月23日，姚余栋在中国文化金融50人论坛成立大会上发表演讲，认为文化金融靠VC/PE成功融资的可能性较低，他建议今后可建立"筹投贷模式"。

文化金融：通往文化世界的资本力量

1. 大力发展众筹的必要性

当前文化产业最主要的矛盾是什么？是日益增长的文化消费需要和文化生产力不足之间的矛盾。其背后是什么？是日益增长的文化产业资本需求与依旧乏力的资本供给之间的矛盾。筹投贷模式是对资本供给体系的一个设想，其基础是大力发展众筹。而当前要大力推动众筹行业发展，是基于以下一些环境条件。

第一，当前我国金融大环境与文化产业发展的关系。宏观金融环境形成的约束条件以及宏观金融环境文化产业发展之间的关系，从来没有像今天这样重要。各类资本对文化产业追逐看起来热烈，但是与其他行业比较起来是很小的一部分，信贷、风投看起来都不可靠。多层次资本市场构建的根本出路是金融主体多元化，需要激活民间资本，这在文化产业也是如此。但为什么这么多年进展不大？主要原因是还没有找到真正的突破口，而互联网金融带来了新的契机。如果说互联网金融是新金融的一种形式，那么众筹就是这种新金融的主体形态，所以众筹是文化产业新金融的突破口。

第二，民众日趋旺盛的投资理财愿望。随着我国进入"准中等收入国家"，民众的理财和投资欲望也急剧增强。有人说美国人的资产80%是金融资产，中国人的资产80%是房产，说明投资渠道太少了，而现在房产也不是最佳选项了，那么民间资本未来会去哪里？这就是多层次资本市场的关键所在。

第三，新技术环境倒逼新模式的诞生。不是新模式需要新技术，当前的形势是新技术倒逼资本市场新模式，互联网技术、大数据、云计算、区块链，这些技术的应用，已经使得众筹这种能够激发民间资本活力的形态成为一种趋势。

2. 众筹功能多元化是基本前提

筹投贷模式中，众筹之所以需要前置是因为其功能开始多元化，尤其是非股权类众筹，如产品众筹、奖励众筹或两者的混合。前置功能除了融资功能以外，它还是前置检验器、资本风向标，以及市场民主投票箱。

第一，对于项目或产品的运营者，项目推向市场总是有风险的。通过众筹模式往往可以降低这种风险，因为很多项目只要有个想法和架构就可以发起众筹。一个项目上线后通过网络众筹平台直接与投资者接触，凡是众筹参与者都愿意对它进行测试，网络中参与众筹的人的集体判断往往超越投资人的专业水平，这样不仅能减少成本，还能清晰把握改进方向。

第二，对于风投及银行、担保、保险等各类金融机构来说，一个已经成功众筹的项目当然更具有价值，不仅可以作为一种评估加权，还可以减少投资风险。当然不是所有产品都适合众筹，但对一些具有众筹特性的项目，将众筹作为评估标准之一是可行的。如果一个项目连小额众筹都不能完成，那还有必要向其投资和贷款吗？因此，众筹可以成为资本流向的方向标。

第三，对于市场来说，众筹是一种市场决策投票箱。众筹使得消费者参与到产品生产过程中来,这是一个伟大的变革。众筹体现了小而美的真正互联网精神,众筹规模虽然小,但不仅是资本的"众人拾柴火焰高",更是民意的"星星之火可以燎原"。要相信群体的智慧和市场的力量。通过这个投票箱,众筹不仅促使企业根据市场需要进行创新,同时也促进其公司治理模式上的完善与突破。

3. 推动筹投贷模式的关键点

如何推动筹投贷模式?根本点还是解放思想,积极创新,优化机制,创造积极的制度环境。在这个关键节点上,我们不能失去创新的欲望和动力。我认为有以下几个关键点。

第一,微观上重视文化创意产业众筹专业性和特殊性。文化金融之所以被我们作为一种专有概念来讨论,正是由于其作为产业金融具有文化产业的一些特殊性。就众筹而言,最重要的是,内容对文化和精神需求的满足功能决定了文化产业众筹的功能多元性,所以更适合产品众筹和奖励众筹,具有很多投资之外的收益。

第二,中观上进一步优化资本市场机制。筹投贷不是资本重要性和先后顺序的简单再排列,而是在充分发展众筹基础上的多层次资本平台对接机制。如果三者之间没有耦合性,筹投贷就不能称其为一种模式。风投和信贷对众筹的功能要先有清晰的认识,然后才有与众筹平台对接的动力。推动筹投贷模式,首先要推动扩大众筹市场规模,然后是推动匹配模式。多大的众筹市场规模比较适合呢？以 2016 年文化产业资本流入量规模来判断，我认为至少需要 100 亿元。

第三，宏观上进一步推动制度优化，明确金融监管政策和众筹的法律地位。当前一边在推动众筹发展，一边又心怀顾虑，总体"看多"预期在弱化，这不是好现象。如果监管明确了，则引导性政策设计会随之而来。例如，我们曾讨论对众筹项目进行补贴的财政政策设计，贴息不如贴筹。

因此，众筹是一种趋势，筹投贷模式是一种必要。群体加互联网，本身具备了很大的风险特性，但这不是阻碍其发展的理由。众筹有风险，但不众筹就得走老路。当前，我国文化产业增加值 GDP 占比为 3.76%，规模约 27 000 亿元，其中内容产业部分约占一半以上。这个比例不高，规模也不大，但增长很快。这种发展趋势，没有一个完善的多层次资本市场是难以支撑的，我们希望通过倡导筹投贷模式为多层次资本市场构建寻求一种新路径。

区块链在文化金融领域的应用场景①

技术变革会带来巨大的经济增长和产业创新，19 世纪末期和 20 世纪中叶的技术革命证明了这一点。对于今后十年的文化产业来说，技术变革将带来更多的变化，其中尤其值得关注的是，区

---

① 本文原载于 2016 年 7 月 18 日《华夏时报》。原标题为《区块链，文化金融领域的应用场景》。内容有调整。

块链技术作为一种金融科技对文化金融和文化产业将产生根本性的影响。

1. 区块链在我国的发展

2009年以来，区块链作为一种互联网底层技术，通过复杂的数字加密和共识机制展示了一个新型数字平台。区块链是一种革命性的分布式账本技术，其开放、共享、智能的技术特性，使其应用已经超越了自比特币开始的数字货币层面，迅速发展到了3.0时代。风险投资显示了区块链发展的强劲趋势，根据一份研究报告，2016年第一季度比特币和区块链初创企业获得风投资本总额达到11.4亿美元，接近前两年的总和。最近，区块链已被世界经济论坛（WEF）评为2016年度十大新兴技术之一。如今，区块链引起了全世界的关注，即便是The DAO被攻击事件也没有降低人们对区块链的热情。

2015年以来，区块链在我国不仅得到了极大关注，而且可喜的是，区块链赶上了我国政府提倡的共享经济的风口。金融界率先关注使得区块链技术研究迅速展开，从人民银行到政策性银行、商业银行、保险公司、证券交易所、支付结算机构等都积极参与到区块链研究和项目酝酿之中。一批民间研究组织和实验室也建立了起来，而专门提供区块链技术服务的企业也开始得到资本的青睐，很多产业应用项目也应运而生。正如20年前的互联网肇始，人们不想错过另一个令人兴奋的时代。但16年前（2000年）

的互联网泡沫破裂也给经历丰富的精英留下极其深刻的印象，所以业界也有很多质疑之声。

理性的金融界似乎比互联网产业界的热情更高，不是因为数字货币，而是因为区块链在支付、结算、征信、反洗钱等多个领域具有极大的应用潜力和改良作用。中国区块链研究联盟主任、中国社科院产业金融研究基地主任杨涛认为：区块链有其历史理论的逻辑过程，核心是引领和涵盖一系列新技术支撑的新规则，使其更好地融入主流，改良现有体系和规则的不足，同时构建一个有利于监管传统金融机构、新型金融组织企业和消费者的共享共赢式金融发展生态体系。

从世界范围看，具有远见的金融机构早就开始尝试使用区块链技术来完善交易和保障风险，德勤、安永、普华永道等进入区块链研究和技术服务行列，IBM在新加坡建立了区块链创新中心。欧美一些政府也有积极响应，英国宣布要用区块链技术重塑世界金融中心的辉煌。我国金融界已经感受到国际竞争的压力，区块链已经被视为金融系统性变革的新路径，不主动适应这种变革，则中国可能被边缘化。

2.文化金融领域的区块链应用场景

区块链与文化金融的关系，首先是因为区块链技术可能成为金融服务的一种共性技术和"基础设施"。传统金融机构（银行、证券、保险、信托等）的互联网化和互联网金融模式开发将利用区块链进行变革，一旦与产业结合，其服务范畴必然包含文化产业，所以区块链技术首先将改变文化产业的金融服务模式。另外，区块链是互联网底层技术，只要普及开来，对于与互联网关系极其紧密的文化产业而言，不因好恶而能够取舍，这也是必然对文化金融产生影响的原因。

那么，基于文化金融特性的区块链技术应用场景是不是也存在呢？答案是肯定的。在笔者的观察中，区块链技术将在以下几个方面得到应用，并对文化金融的发展产生重大影响。

第一，在版权管理领域的应用。文化产业的核心是内容产业，内容产业的核心是版权，而文化金融的基点之一就是版权资产。文学作品、音乐、创意设计等，没有版权保护是很难进入生产阶段和资本市场的。区块链以全民记账方式对记录和痕迹进行确权，具有多节点、不可逆、不可篡改等特点，对权属认定具有单一主体认证模式不可比拟的优势，这首先对版权登记和保护进行了革命。在版权管理方面，以区块链技术为底层技术的版权公共服务成为一种可能。

社会也可以通过区块链技术进行版权管理自治，实现版权管理的社会化。英国的 Everledger 公司与艺术品和展览数据库服务公司 Vastari 合作已经推出了区块链数据库系统，德国 Ascribe 为艺术家提供艺术作品的登记、注册、交易服务，而以色列 Colu 公司 2015 年推出的基于区块链技术的平台提供了数字资产发行和管理服务，涉及协议层和终端应用工具，Colu 公司还和 Revolator 公司合作为音乐版权提供了一个注册、交易的透明可信通道。去中心化、去中介化是区块链的另一大特点,所以实现自治也是区块链最重要的意义所在。而从文化金融的视角上,只有在完善的版权管理基础上,版权金融和IP金融才能得到更好发展。

第二,在文化产权交易所的应用。我国的文化产权交易所(还包括邮币卡交易中心、艺术品交易所等)是文化产业要素市场的重要组成部分,交易对象包括股权、版权、收益权、物权等,也进行投融资服务业务。目前我国各类文化产权交易所近百家,运营水平参差不齐,很多文化产权交易所的股权、版权和收益权的交易很少,多数都是物权交易,实际上成为另类的电商、拍卖行甚至"赌场"。如果没有新的有效解决方案,文化产权交易所乱象无法避免。文化产权交易所运营不善,交易量低、受地域限制等都是重要原因,更重要的是没有安全、高效、真实的数据平台,无法高效进行交易和流转,而利用区块链技术可能为文化产权交易所的变革提供可能。

在股权交易方面,作为国内区块链技术服务的领先者,布比公司已经开始在文化产业交易所应用领域开展应用测试。应用区块链技术使版权产品(如艺术品)成为数字资产,比电子标签等数字化手段要先进得多。艺术品成为数字资产后,可以在区块链技术平台实现更加便捷、安全的交易,也能够有效防止欺诈和利用艺术品交易进行洗钱。看起来文化产权交易所利用区块链技术只是以新的中介去中介化,以新的中心去中心化,但区块链在效率、真实和可靠性方面的优势将大大发挥,同时海量真实的数据库也能够为文化产权交易所的其他投融资服务提供核心竞争力。

第三，在中小微文化企业小额信贷领域的应用。文化产业中小微企业众多，轻资产、贷款难。如果中小微文化企业不能纳入金融服务的常规范畴，那么利用区块链技术的小额信贷模式或可为其提供新的路径。

区块链技术在小额信贷的使用可能始于美国，现在在世界各地开始发酵，就连缅甸也开始尝试这个技术。Infoteria公司、Techbueau公司和缅甸BC控股有限公司合作，成功地推出了实现转移贷款和转移存款账户数据的新系统。

目前，一些国内的中小银行也在研讨利用区块链技术提供小额信贷服务的可行性，但针对文化企业的小额信贷还需要结合文化企业的特点。文化产业信贷市场的薄弱源于文化企业特性带来的风险，比如轻资产，但区块链技术如果可以解决无形资产确权和价值评估基础问题，同时解决企业的资产、信用甚至行为记录问题，轻资产就不是问题了。

第四，在文化众筹等互联网金融领域的应用。比较起传统金融的互联网化，由互联网企业发起的互联网金融，应是区块链技术应用更顺畅的领域。

文化产业众筹是互联网金融的一种形式，是构建文化产业多层次资本市场的重要一环，具有鲜明的产业特点。作为新金融的重要形式，"文化众筹+区块链模式"将呈现更惊人的能量。众筹区块链技术在股权众筹的应用，通过总账和智能合约实现公平透明的登记规则、流通机制和可追溯记录。奖励众筹方面，由于文化产业的奖励众筹具有融资之外的多元功能，区块链技术除了实现登记和交易功能，还可以提供新型的代金券和积分管理，以及通过参与者数据进行产品或项目决策。通过数字货币进行众筹也是文化产业众筹的方式。另外，文化产业能够为 P2P 提供新的资产端，但 P2P 急需加强监管和整治。区块链技术对 P2P 进行平衡而有效的监管是有逻辑基础的，一旦实现将有利于文化产业更好地利用 P2P 平台。

3. 区块链研究和实践亟待深入

区块链技术在文化产业还有很多应用场景，如文化生产供应链、网络媒体、网络社群等。区块链研究专家王立仁认为，在所有产业的区块链技术应用场景中，文化产业领域是极具想象力和落地可能的。文化金融区块链技术的应用可能会领先于其他应用，这受益于整个金融系统的先行先试。

区块链技术应用的风险总是存在的，但不变革的风险更大。中国人民银行金融研究所所长姚余栋用"生于互联网、死于区块链"提醒那些忽视区块链的传统机构，这对文化产业领域也是一种警示。目前的现状是，得益于互联网经济的文化产业对区块链技术还缺乏足够的敏感，有些应用项目还只在科研和测试阶段，未进入实际应用，只有很少的研究组织和学者开始关注这一领域，与文化、版权、互联网等有关的主管部门还在旁观。

笔者曾提出，"众筹金融""IP 金融"和"区块链金融"是未来数年内文化金融最重要的三个焦点领域。科技与金融是当前文化产业发展的双驱动力,区块链作为一种金融科技,将文化金融与文化科技融合在一起,从这个角度上其意义就非比寻常。

区块链不是万能良药,但在文化金融领域的应用前景是广阔的,一种前所未有的新形态——以区块链为技术支撑的金融服务系统和资本市场体系即将出现。对于产业先行者而言,领先将率先分享技术变革红利。

粤港澳大湾区文化金融如何突破①

我国的文化金融发展正在成长期,从各方面看都取得了长足进步,但这两年有较大的结构性波动。政策环境有些变化,规范性要求多了,市场创新会受到一定的抑制。我对这两年文化金融发展的基本态势还是这样一个判断:规范与创新的平衡期,谁能做好这个平衡,谁就能异军突起。在这样的大背景下,再结合粤港澳大湾区被纳入国家级规划的背景,来看粤港澳大湾区的文化金融发展有哪些良好的基础,有哪些特质和基因,能在哪些方面取得突破。

1. 基础:粤港澳大湾区是文化金融中心集聚区

我选择文化金融中心这个角度来看粤港澳大湾区文化金融发

---

① 本文根据作者在 2018 年 12 月举办的第二届粤港澳大湾区文化金融峰会上的演讲稿整理。原载于 2018 年 12 月 24 日中国经济网。

展的基础。文化金融中心城市问题不算是个新命题，我在《中国文化金融报告（2018）》中就分析过这个命题。文化金融中心意味着文化金融对区域经济发展具有较高的贡献值，意味着文化金融在全球、全国或特定区域的产业影响力。在粤港澳大湾区就有三个各具特色的文化金融中心城市。

从三个方面可以看到文化金融中心城市发展的趋势性。一是文化金融合作示范区的创建成为文化金融与城市建设相结合的起点，这方面已经开了一个良好的开端；二是从主观上，发展文化金融已经纳入很多城市的总体经济规划中，是区域金融发展的重要内容；三是从客观上，我国事实上已经形成数个文化金融中心城市。形成文化金融中心城市有三个基础性条件，即中心城市地位、金融发展基础和文化产业发展基础。

首先，广州市是国家中心城市、国际商贸中心和综合交通枢纽；深圳是我国最成功的经济特区，是全国经济中心城市、国家创新型城市；而香港是国际性大都市，是中西文化交汇之地，国际金融中心城市。这三座城市都具有鲜明的特点，对珠三角、全国乃至世界都有很强的辐射能力和影响力。

其次，从粤港澳大湾区金融发展基础看，这里有三个金融中心城市，香港是三大国际性金融中心之一，深圳是全国性金融中心城市，而广州在区域性金融中心城市中名列前茅。根据2020年中国金融中心指数（CDI·CFC）第12期发布的数据，深圳综合排名第三，处于"上北深"第一集团，广州排名第四，在第二集团中遥遥领先，在产业绩效、金融机构实力、金融市场规模、金融生态环境等各项指标上均在全国的前列。

最后，粤港澳大湾区文化产业基础非常好。粤港澳大湾区包括珠三角九市和港澳两地。2016年，广东文化及相关产业增加值为4 256.63亿元，其中珠三角（不含港澳）约为3 500万亿元，加上香港、澳门的文化产业约千亿产业增加值，粤港澳大湾区的文化产业增加值约为4 500千亿元，这个规模约占全国的14%以上。2020年发布的中国城市创意指数（CCCI）显示，（深圳、广州、香港分居第三、第四、第五位），在要素推动力、需求拉动力、发展支撑力和产业影响力等指标上都居全国的前列。

在客观上，香港、深圳、广州已经是文化金融中心，但还需要思考一些问题，比如文化金融的区域贡献值能有多大，影响力和影响半径有多大，还需要付出哪些努力，补齐哪些短板，等等。

2. 特质：粤港澳大湾区能为我国文化金融发展贡献三种精神

粤港澳大湾区规划是国家级战略，是新城市群发展战略之一，在这个背景下，文化金融的发展会有怎样的机遇，应有什么样的行动？在大湾区集聚了三个文化金融中心城市，这里既有历史的原因，也有现代经济发展的原因。这三个文化金融中心城市能给粤港澳大湾区文化金融发展带来什么？由此，大湾区的文化金融发展会对中国的文化金融事业贡献什么？大湾区的一些特质，具体说来是三种精神，这三种精神比较突出，而恰是我国文化金融发展中所稀缺的。

一是创新精神。文化金融是新兴领域，不是将原有的金融与资本市场和文化产业简单相加，需要新工具、新模式、新机制，所以创新在当下尤其重要。2016年以来，由于金融监管环境和文化政策环境的变化，文化金融领域进入规范与创新平衡期，规范难，所以创新更难，这时候最能考验创新能力。深圳的创新创业一直都是全国表率，在文化产业方面和金融产业方面都极具创新能力，比如金融科技创新。凡是金融科技创新方面有实力的企业，很大一部分是来自深圳。我相信深圳能够为全国贡献新的创新实践，重新注入创新活力。

二是商业精神。文化金融立足于文化产业，而我国的文化产业因为历史、文化的原因，总体上比较缺乏产业精神、市场精神和商业精神，这是文化金融发展面临的一大困境。广州开埠建港较早，是千年不衰世界闻名的商业大都市，具有悠久的商业文化史。在我国的经济地图上，以广州为代表的岭南商业文化最具市场经济基因。规则意识、契约精神大概是这一地区贡献给中华民族商业文明的极其宝贵的财富，到现在为止这些看起来都是稀缺的。

三是开放精神。文化金融发展急需开放精神，幸好我们有个香港，时时在提醒我们到底什么才是开放，什么是国际视野。香港开放时间较早，与国际市场融合度很高，金融行业精英荟萃。大湾区的整体规划中，如何利用好香港的优势，使其发展成为大湾区的优势，是必须解决的问题，否则香港仍然还是个"岛"。人才交流或许能够解决这个问题，如果能够很好解决香港高端人才的引入问题,将助推粤港澳大湾区的扩大开放、产业升级与创新发展,那么对文化产业和文化金融的发展也将有极大的推动作用。

3. 突破点:大湾区的文化金融发展可在四个方面有所作为

文化金融发展到今天,客观上说已经很不错,已经形成了一定的市场规模,在机构专业化、融资渠道、政策体系等方面都初见成效。但是现在开始遇到很多瓶颈,既有外部环境因素,也有内部发展不足的因素。市场经济发展过程中,一旦遇到瓶颈,若暂时不能在政策顶层设计上有所突破,全国的眼光就会看向南方,将希望寄托于这块市场经济的热土。如果说粤港澳大湾区文化金融能在哪些方面有所作为,我想可以集中在以下几个方面。

一是以金融科技为支撑,构建文化金融的两大支柱。文化金融的最大痛点在于信用和价值评估,具体而言就是要构建文化企业征信体系和无形资产评估体系,这是文化金融的两大支柱。这两大支柱,不是没人做,很多机构在做,但效果不尽如人意。这个方面,也是文化金融基础设施建设的重要内容,到底依赖政府还是市场,或者说是以政府还是市场为主,一直是个问题,希望在大湾区能找到答案。但无论如何,这两大支柱必须依赖科技,传统方法和模式已经行不通了。珠三角是极具创新活力的地区,在金融科技发展这些前沿性的方面,也一直引领全国。现在看,大数据、云计算、区块链这些技术在这两大支柱构建的应用上,已经具有很大的前景,只是缺少长远的规划,缺少经年累月的积累。这方面为什么不能做个文化政府与民营企业合作（Public-Private Partnership，PPP）项目，比如版权服务基础设施。应该寻找那些在这些方面具有长远计划的创新性企业，予以最大的关注和支持。

二是以法人化金融机构为突破，推动文化金融机构专营化。我国的文化产业股权投资市场，专业化的文化产业基金发展比较快，而在传统金融机构的文化金融专业化方面，只有银行的专业化有较大进展。北京、深圳、广州等地在这方面都有很多创新，成立了一些专营支行或特色支行，特色支行甚至细分到了电影特色、动漫特色，但是目前我国法人化的文化产业银行还没有，文化保险公司（或艺术品保险公司）也没有。专门的文化融资租赁公司、文化担保公司虽然有，但极少。这些方面是不是应该继续有所期待？为什么不？文化金融领域应该有自己的牌照。文化金融机构专营化，能够立足于传统金融体系挖掘最大潜力，这对推动传统金融机构创新工具为文化产业服务是有好处的。这些方面，很多地区做过努力，之所以少有进展，不仅是政策限制的原因，很多还是没有找到好的"脚本"，没有找到好的盈利模式，而且顾虑太多。

三是以私募股权投资为中心，重振文化产业资本市场。最近都在说"科创板"，科技金融发展20多年，仍然在不断补足短板，文化金融显然需要更加努力。但当前看，一级市场才是文化产业投融资的关键。文化金融总体趋势是间接融资为主向直接融资为主转变，市场越发达，直接融资越活跃。2018年，整体上资本市场遇冷，募资、投资都很困难，很多中小基金挺不住了，文化产业投资基金也大同小异，但一些大型基金做得不错，在"寒冬"里反倒获取了更多机会。因此，在这个周期里，活下来的基金将在未来很长一段时间内取得竞争优势。广州、深圳的文化产业类基金规模较大，仅是广州的基金规模就超过500亿元，而且相对其他地区更具创新精神和坚韧意志，所以我对大湾区在这一周期中的作为充满期待。

四是以大湾区整体规划为契机，深化大湾区文化金融合作。广州、深圳、香港在文化金融方面各有各的特点，有些人在担忧，三个金融中心如何错位发展，如何不陷入恶性竞争。其实这是不用担心的，因为最终由市场决定，但有一定的统筹和协调机制当然更好。中央决策层提出要"推动大湾区内各城市合理分工、功能互补，提高区域发展协调性"，那么在文化产业发展和文化金融方面也应有这方面的努力。有"广州—深圳—香港—澳门"科技创新走廊，要打造大湾区国际科技创新中心，那么为什么不可以建立大湾区文化产业金融协作机制，为什么不能打造大湾区国际文化金融创新中心？世界顶级城市群，都是巨型的产业生态系统，除了金融和科技，还要发展文化产业，那么深化城市群的文化金融合作、建设具有国际影响力的文化金融中心就具有了特别的意义。

我写过一篇文章，认为2018年能够开启文化金融生态演化模式，主要是认为在机构多样性、资本多样性、产业链覆盖程度、基础设施建设、生态空间构建上会有一定的改观。这个判断现在看起来并不错，因为我们已经看到了产业界、学术界、政策层的一些化学反应。但这种演化的催化剂还是少了些,相信粤港澳大湾区的各部门、各机构会有更多研究、更多的交流平台,推动文化金融发展环境优化,进而推动大湾区和全国的文化产业和文化经济的高质量发展。

第四章
文化金融发展状况与趋势分析

文化金融在发展中迎来调整期[①]

2016年,文化金融的发展有很多令人惊喜之处。这一年,社会对文化金融的关注度大大提高了,各级政府在文化产业规划中将文化金融作为重要内容,文化产业也获得了金融界、投资界的更多关注。在政府、学界和产业界的共同推动下,文化金融作为一种产业业态的特征开始显现,文化金融的市场规模在这一年稳步提升。但是,因为总体政策和金融环境因素,文化金融发展在局部领域也迎来了调整。

---

① 本文原载于2016年12月31日光明网。原标题为《中国@2016:文化金融发展的四个发力点》。

第二部分 静水流深：变革中的文化金融

1. 政策面：文化金融政策实施开始深入，相关政策形成导向性影响

自2014年3月文化部、中国人民银行等部门联合发布《关于深入推进文化金融合作的意见》以来，地方和基层相关的"实施意见"也相继出台，促进了文化金融合作的更加深入，北京、南京、深圳等地的文化金融合作项目纷纷落地，形成了数个全国性文化金融中心城市。但该文件的一些重要"节点"还未落实，如国家文化金融合作试验区虽在2016年经过数轮研讨，并有方案进行征求意见，却一直未落地实施。

该意见出台后，虽未有新的国家级专门性文化金融政策出台，但2016年出台的一些相关性政策文件对文化金融的发展走向仍起到了导向性的影响作用。如《"十三五"国家战略性新兴产业发展规划》的出台，将数字创意产业作为五大战略性新兴产业（群）之一引起金融和投资界的极大关注，这在促进文化产业发展的同时进一步强化了文化科技投资周期的形成。又如，2016年5月，财政部对文化产业发展专项资金提出了新的改革思路，除保留部分资金继续用于落实党中央、国务院和宣传文化部门确定的重大政策、项目外，今后将逐步引入市场化运作模式，通过参股基金等方式，提高资源配置效率。就文化金融发展而言，这一思路将文化产业的财政政策与文化金融市场紧密连接在一起，形成上下联动、多层互通的格局。

2. 机构面：金融中介机构进入调整，直接投融资市场依旧火爆

2015年文化类企业通过银行间债券市场累计融资5 873.19亿元，文化、体育和娱乐业年末银行贷款余额约2 458亿元，中长期贷款同比增长25.7%，高于总体增长率，2016年预计可接近3 000亿元。2016年，中国民生银行、北京银行等银行的文化金融业务部门有所调整，预示着银行业对市场化文化项目的重新审视。随着信托业整体情况的下滑，文化信托业务也受到重大影响。受到互联网金融整治周期的影响，除文化众筹以外的其他互联网金融都近乎腰斩，而文化众筹规模应在15亿元左右，绝对量上没有大的增长。股权投资、产业并购和企业上市方面依旧抢眼，其中，2016年新增股权投资基金披露募资总额2 000多亿元，新三板挂牌的文化类企业激增，约700家企业成功挂牌。总体上文化金融的主体下沉、直融为主的趋势明显加快。

新兴的文化金融类市场主体在崛起。2016年7月，中宣部、中央网信办、财政部等多部门联合出台《关于深化国有文化企业分类改革的意见》，其中关于五类企业中"投资运营类企业"的分类表述具有标志性意义。以管资产的方式管文化将成为新模式，一些国有文化企业将从内容制作者向资本运营者转型，成为文化金融市场重要的参与者。

3.产业面：融合性产业发展迅猛，文化金融重心产生偏移

由于监管的加强，内容产业的文化金融总体上呈现收紧态势，在内容产业链投资方面除了以 IP 为主题的投资有所起色外，其他领域并无亮点，"网红"作为一种互联网文化产业业态呈现昙花一现的趋势。电影产业 2016 年的票房虽然与 2015 大致持平，但金融服务形式开始丰富起来，电影众筹、保底模式等形式开始精细化，很多金融机构和投资人介入电影产业。但作为电影金融的经典模式的完片担保在 2016 年未见新的突破。

经济发展及相关产业发展的文化动力命题开始受到重视。随着信息、旅游、体育、农业等产业政策中对文化的重视，文化创意融合性产业开始在文化产业和创意产业之间形成过渡路径。互联网文化产业成为投资重点领域，而"数字创意产业"在《"十三五"国家战略性新兴产业发展规划》的横空出世，将进一步推动融合性产业的迅猛发展，文化金融的重心必将有所偏移。另外，随着国家将文化领域纳入 PPP 战略版图中，文化金融关注这一领域也将分流更多的资本。总体上，文化金融与国家战略及新的文化经济活动的关系越来越紧密。

4.技术面：互联网金融整治和金融科技发展的影响交织

技术对文化金融发展的影响在 2016 年显得尤其明显起来。随着金融科技和互联网金融的崛起，文化金融的发展迎来新的机遇，

大数据、云计算、区块链等技术与文化金融发生更加紧密的关系。区块链技术方面，2016年8月举办的中国区块链产业大会上特别设置了文化金融分论坛，2016年10月工信部组织编写并发布的《中国区块链技术和应用发展白皮书》也专设文娱应用场景板块，体现了金融科技界对文化产业的高关注度，2016年成为文化区块链元年。

在金融科技与文化金融的关系日益密切的同时，2016年4月开始的国家对互联网金融风险的专项整治也带来了"规范和创新的平衡期"。监管部门对P2P、股权众筹、第三方支付、互联网形式资管等进行重点整治，很多文化类众筹平台受到影响，尤其是股权众筹部分。专项整治有利于金融风险的管控，对正在形成的互联网文化金融业态提出了警示，在整治周期结束之前，这一领域文化金融类的创新活动将受到一定抑制。

另外，2016年关于文化金融的主题研讨活动明显增多，各类文化产业组织和学术性活动都将文化金融作为重要内容之一，一些专业性金融会议或专门性金融组织已经关注文化金融，例如2016年的西安金融产业博览会的主题即为"文化金融"。学界和产业界人士对文化金融的一些关键领域进行了深入研讨，在文化金融的内涵和外延上已经形成一定的共识，这不仅有利于加强文化与金融界的沟通和融合，而且有利于构建文化金融发展的共同语境。

文化金融的三个宏观关注点及趋势分析[①]

讲文化金融发展的趋势是一件很难的事。我一般将文化金融理解为内容产业的文化金融、文化产业的文化金融以及文化国力的文化金融三个层次，从这三个层次上看趋势就很不相同。另外，目前在研究中，我们的经验数据太少，甚至建模都困难，趋势判断经常靠直觉。我想换个角度思考一下未来文化金融发展的趋势，主要是文化金融宏观上的几个关注点，以及其中的变化趋势：一是文化生产，二是文化经济，三是文化科技。这个角度是较为宏观，但其中也包含了以往我讲趋势时说过的主体下沉、直融为主、聚焦版权和科技为先等内容。

1. 文化金融正在回归文化生产，文化金融正在围绕文化生产形成稳定的体系

文化金融是一种特殊的文化生产服务业态，但从属性看不属于文化产业，而属于金融业。这里，我们要把文化生产赋予经济学意义，将其看作是社会生产的一种形式，而不是微观上的产品生产。趋势层面看，文化金融与文化生产的关系日趋密切，因为

---

① 本书根据作者在2016年12月23日首都文创产业投融资沙龙（第12期）暨首都文化金融融合论坛上的演讲整理。

切实服务文化生产是文化金融的首要职责。以往的文化金融如果不聚焦文化生产，也不奇怪，比如大行其道的邮币卡业务。文化金融这个概念被使用初始，其含义与我们今天所说的是不一样的，很多都属于虚拟经济。但今天看，文化金融不服务文化生产是没有出路的，脱离文化生产实际的都要被淘汰。

在服务文化生产的前提下，文化金融正在成为一种独立的业态。近年来，全国各地都对发展文化金融、促进文化金融合作给予了极大关注，除了北京，还有其他一些地区，如南京、上海、深圳、西安等地对文化金融发展都有很大投入，并且很有特点。当前文化金融的参与主体越来越多元化，资本主体在下沉，尤其是社会资本主体异常活跃，同时金融服务与资本市场的文化产业特性也越来越明显。作为产业金融的文化金融，其金融生态、链性覆盖和内容为本这三个特征开始显现，文化金融终于开始被当作一种产业业态来看待。文化金融就是一种服务于文化生产领域的金融服务与资本市场体系，经过"十三五"这个周期，文化金融会成为一种特征鲜明的业态。

在统计框架中是没有文化金融这一类行业的，但这并不妨碍我们以产业视角独立审视这一行业。2016年我们开始编写文化金融蓝皮书，尝试着做些这方面的工作，相信过几年会有稳定的体系。我们判断，在直接融资成为一种大趋势的同时，与间接融资相关的金融工具精细化、专业化也是一种大趋势。

2. 文化金融与文化创意融合性产业的关系日趋密切,成为新文化经济实践的重要推手

服务文化生产,首先是服务文化产业,但也要注意一些新的变化。文化产业要成为国民经济支柱性产业,这是既定目标。但问题是,国民经济支柱性产业除了产业增加值在 GDP 中的比重提升,还意味着什么?我认为,意味着文化产业融入国民经济体系的大循环。要实现这种融入,有两个重要路径:一是推动文化产业与相关产业融合,二是要推动文化产业与资本市场融合。未来,文化金融一方面将推动文化产业与资本市场的融合,另一方面将推动文化产业与相关产业的融合,使我国的新文化经济实践有个坚实的落脚点。

所谓"新文化经济实践",相对于以往的以文化产业为中心的旧的文化经济实践,具有更多的创新性与融合性。我们重视文化产业,但对文化创意与设计服务和相关产业融合这个命题有些忽视了。我国的文化产业发展受英国创意产业发展影响很大,一些地方也将文化产业称为"文化创意产业",但在研究上和政策推动上,仍是忽视的。这种忽视,实际上是忽视一国经济发展的文化动力和文化要素问题,忽视了一国全球竞争力问题,而这正是文化经济学研究的另一个重要路径。我写过一篇短文,初稿标题是《一种新的文化经济实践》,《中国民商》的编辑改为《巧借"文化创意"实现转型升级》刊登出来,这篇文章就是分析文化产业发展与文化经济实践的关系。

最近两年，从产业层面发起的文化经济实践非常丰富，各种以"文化+"或"+文化"形式的融合性业态开始涌现，金融机构已经开始关注这种变化。未来，一方面金融机构会特别关注生产性文化服务业，也就是"文化创意与设计服务业"本身，将成为文化金融的重要服务领域。另一方面，资本也会关注文化创意融合性产业，并且会更加关注有文化含量、有文化资源、有版权资源的新形态项目，如创意休闲农庄、文创消费品等。文化金融就是要聚焦文化资源，而文化资源（比如版权）并非只存在于文化产业或内容产业，聚焦版权不限于文化产业。在资本看来，相对于纯粹的内容产业，有时候融合性产业更容易入手。

3. 金融与科技两翼齐飞，形成"文化+科技+金融"的文化产业发展特色大周期

分析文化金融发展趋势还要看文化金融与文化科技的关系。未来很长一段时期文化产业发展的动力呈现为一种"三元动力结构"，即文化、科技和金融，这是从经济学要素分析角度来看的。以后可能还有其他动力，如管理、制度，但在这个周期，文化创新、科技创新和金融创新更重要。在《"十三五"国家战略性新兴产业发展规划》中我们已经看到文化产业与创意产业发展的新动向，"数字创意产业"的提出和"创意经济"概念的引入，预示着科技尤其是数字科技将成为重中之重。文化产业与数字创意产业是什么关系？为什么是数字创意产业成为战略性新兴产业？这值

得我们深入思考。

科技创新助力文化创新，而金融更多关注科技含量较高的文化企业和项目，这就是未来周期中三者之间的关系。当前文化创意产业中的投融资项目有五成以上与文化科技相关。我们不能忽视日新月异的新技术发展，我们2016年特别关注了区块链技术对文化产业的影响，总结了八个典型的应用场景和五种关系[①]，而金融和资本对与此相关的企业和项目非常感兴趣。当然除了区块链，还有大数据、人工智能、VR等技术。金融和资本很早就重点关注科技型文化企业和项目，并且持续关注的大周期还没结束，未来会出现更多的具有底层技术、关键技术、共性技术的文化产业平台。

另外还有国家战略对文化金融发展走向也有重大影响，例如"一带一路"愿景等。我们把文化金融放在国民经济发展和全球竞争的格局上，会在宏观上看到一些关注点的变化，就会对文化金融发展趋势有更准确的认识。

金融政策环境收紧，文化金融发展路径面临调整[②]

文化金融的发展是曲线前行的，与整体经济政策、金融政策

[①] 参见《文化金融发展报告（2017）》，杨涛、金巍主编，社会科学文献出版社，2017。

[②] 本文原载于中国经济网2017年9月8日，原标题为《从三个角度看新金融政策环境下文化金融的发展路径》。

环境具有紧密的关系。2017年，随着整体金融政策环境更加趋紧，传统金融机构对文化产业的热情持续下降，股权投资市场也出现很多不确定性，文化金融发展已经进入了监管与发展并重、规范与创新两难的关键时期，这是一个"冰火两重天"的时期。业界需要在新形势下寻找平衡，正确认识文化金融的定位和作用，明确文化金融创新的路径和对策。在新的金融政策环境下，文化金融发展上应重视以下几个变化，积极推动文化金融实践。

1. 金融改革趋于安全与监管导向，应明确服务文化生产定位

文化金融与国内、国际整体金融环境的关系日益密切是文化金融发展的大趋势。近期在金融政策环境方面最具影响的是全国金融工作会议的召开。在2017年7月全国金融工作会议上，习近平主席发表重要讲话并提出了四点原则，其中要求"金融要把为实体经济服务作为出发点和落脚点"。新的金融改革方向对文化产业和文化金融提出了新的思考命题，也引发了文化产业界对自身发展的很多疑虑。

首先，明确文化产业与实体经济的关系，明确文化金融的服务文化生产的定位。不能简单将哪类产业和行业划归实体经济或虚拟经济，要看价值产生过程及资本与（物质和精神）生产的紧密程度。如果非要归类，文化产业依然属于实体经济范畴，应将其关系看作是子集和全集的关系，应认识到"金融服务文化产业"是"金融服务实体经济"的题中之义。很多人将文化产业和实体

经济对立起来是欠缺严谨的学术精神的，危害也比较大。事实上，很多部门和机构正在以"金融服务实体经济"的名义自觉不自觉地排斥文化产业。如果以非此即彼的逻辑，在"服务实体经济"的背景下，文化金融就已经进入了死胡同。当然，一定要警惕文化金融中的泡沫性、自循环的"虚拟"成分，文化产品过度金融化必须遏制，文化金融应推动真正将资本使用于文化生产与再生产（创作、生产、传播、消费等环节）。

其次，充分认识文化金融在国家文化发展战略中的作用，坚定发展文化金融的信心。当前，国家文化发展在综合国力建设中越来越重要，文化产业规模越来越庞大（以包含文体旅的大文化产业计算约有10万亿元规模产业增加值），文化与其他产业的相关性融合性持续加强，没有资本作为产业驱动力是难以想象的。资本需求增长和资本供给短缺之间的矛盾依然是我国文化产业发展的主要矛盾之一，资本在文化产业的持续发展中具有不可替代的作用。推动文化产业在"十三五"末期成为国民经济支柱性产业是我国的既定战略，但如果文化产业和资本市场的融合度太低，即便文化产业增加值达到GDP占比的5%（2016年我国的文化产业增加值的GDP占比为4.07%。），所谓支柱性产业也是站不稳的，随时可以被边缘化。另外，随着新文化经济形态的形成，文化产业与相关产业的融合性加强，文化金融所面对的"文化"的边界是有极大的扩展空间。因此，推动文化金融发展依旧是文化产业发展中最重大的命题之一。

2. 互联网金融风险专项整治周期延长，应关注既定政策效应和制度供给

自2016年4月国务院办公厅印发《互联网金融风险专项整治工作实施方案》以来，我国互联网金融环境得到了很大的净化，但客观上也延缓了这一领域创新的步伐。原本计划于2017年3月底结束的专项整治并未"落锤"。近日，互联网金融风险专项整治工作领导小组办公室下发《关于落实清理整顿下一阶段工作要求的通知》，进一步强化了整治力度，这对文化金融领域也有重大影响。与互联网金融相关的文化金融领域原本相当活跃，但由于文化产品的特性也具有更大的风险，所以规范是必要的。策略上，我们需要在规范周期寻找平衡点，适当向传统金融与文化产业结合的创新领域进行倾斜。

第一，在互联网金融风险专项整治周期内，应积极贯彻国家政策，降低金融风险。互联网金融的"野蛮生长"也已经累及文化产业，必须净化环境，以免引发更大的金融风险并造成恶劣的社会影响。但是，在整治周期也并非无所作为。金融科技在近年来蓬勃发展，尤其是区块链技术具有金融科技和文化科技的双重属性，能够为互联网文化金融提供新的底层技术，在这方面应予更多的关注。区块链技术的发展并不会因为首次公开募币（Initial Coin Offering，ICO）叫停政策而停滞不前。另外，还应深入研究互联网金融的积极作用，挖掘潜力，如互联网金融在"双创"战略中的作用，以及文化众筹在文化产业资本市场的多元化作用等。

第二，在互联网金融风险专项整治时期，挖掘既定政策潜力，将关注点放在传统金融与文化产业的结合部的创新工作，精耕细作。纵观2017年与文化产业相关的政策文件中，文化金融依然延续以往的一些重要政策，重点多是传统金融如何与文化产业结合方面。文化部印发的《文化部"十三五"时期文化发展改革规划》中指出，要深化文化金融合作，推动文化金融创新工程。财政部在《关于申报2017年度文化产业发展专项资金的通知》（财办文〔2017〕25号）中将"文化金融扶持计划"列为重大项目内容之一。2017年8月1日，国家发展改革委办公厅印发《社会领域产业专项债券发行指引》，专项债券类型包括"文化产业专项债券"，主要用于新闻出版发行、广播电视电影、文化艺术服务、文化创意和设计服务等文化产品生产项目，以及直接为文化产品生产服务的文化产业园区等项目，其中明确了以未来项目收益权、无形资产进行担保增信。《指引》在发债指标、募资资金占总投资比例、资产负债率要求、发债期限等方面未做细化，比较以往的专项债券发行指引未有更大的变化，但文化产业专项债券的专设本身已具有很大的标志性意义。作为产业实践者，应充分利用好政策，挖掘潜力，继续推动文化金融发展。

第三，在互联网金融风险专项整治时期，对文化金融制度性安排中的一些根本问题应予以研究储备。例如，在商业性金融机构和文化产业之间的关系中，机会成本的考量是金融乏力的根本原因。政策上虽然有关于文化产业专门金融服务机构（支行、事业部等）等内容，但并未取得根本性的效果，文化金融机构需要进一步专业化。进行"文化金融牌照"（专门产业金融经营许可证）方面的制度研究，应是文化金融制度创新的有益探索。另外，在金融监管加强时期，文化产业资产证券化、文化产业资产管理等领域仍具有很大的创新空间，但基于风险控制的需要，版权评估、企业征信、信息与指标体系及文化金融基础设施等方面基础性工作显得更加重要。

3.国家对外投资政策收紧，应关注如何服务文化贸易和产业合作

根据商务部数据，2016年，我国文化产品和服务进出口总额达到1 142.1亿美元，文化体育和娱乐业对外直接投资39.2亿美元。近年来我国企业在境外进行的文化类投资发展较快，但也带来了较大的问题。近日，国家发展改革委、商务部、人民银行、外交部发布《关于进一步引导和规范境外投资方向的指导意见》，影城、娱乐业、体育俱乐部等领域的境外投资被列为"限制类境外投资"。股权类文化金融是文化金融的重要组成部分，也是规模最大、社会资本参与度最高的一部分。这一政策的出台，对我国企业在文化方面的投资方向产生了巨大影响。在此环境下，投资者可以更多关注外向型文化企业和文化贸易。

第一，企业投资应根据国家战略，将投资重点放在国内的外向型文化企业。2016年，影视、动漫、网游等新兴文化产品出口同比增长25%，版权输出达到1万种（商务部数据），但总体上占进出口总额的比例还很低，与我国文化大国战略目标并不匹配。

2014年3月国务院印发的《关于加快发展对外文化贸易的意见》在金融支持文化贸易方面的政策仍然需要大力推动。当前，如何推动我国文化产品的出口，推动我国文化企业的国际间产业合作，让我们的文化真正"走出去"，值得我们高度重视。

第二，应多关注"一带一路"愿景与行动框架下的文化类投资。作为既定的国家战略性布局，文化在"一带一路"愿景与行动中不可或缺。文化产业是文化软实力中的硬实力，"一带一路"愿景中的文化传播也不能缺少文化产业，也就不能缺少资本的力量。2016年我国与"一带一路"沿线国家和地区文化产品进出口额达到149亿美元，占文化产品进出口总额的16.8%（商务部数据），随着"一带一路"愿景与行动的推进，以文化金融发展提升"一带一路"文化贸易和合作具有重大意义。

总之，金融与投资政策的变化虽然对文化金融产生抑制性影响，但并不意味着文化金融发展走向末路。监管的加强将为文化金融的良性发展提供更加良好的环境，文化金融发展应适应国家战略需要，而不能因政策收紧而停滞不前。

无生态，不金融：文化金融开启生态演化模式[①]

从"文化+金融"到文化金融，我们一直期待文化金融发展

---

① 本文原载于中国经济网2018年1月16日，原标题为《2018年文化金融开启生态演化模式》，http://www.ce.cn/culture/gd/201801/16/t20180116_27747750.shtml。

在产业经济和产业金融的基本逻辑上形成一种生态系统。文化金融和文化产业资本市场是逐年升温的,形势看起来也还不错。但是,传统金融服务的简单溢出、文化金融创新的实体偏离、文化资本市场的虚拟泡沫、文化产业精神的相对缺失等,一直影响着文化金融生态的形成。甚至可以说,文化金融虽热,但即便是不良的文化金融生态系统我们都似乎未曾拥有过,文化金融基本上是以其他金融生态系统的边缘化存在而存在。

2017年的各种情势显示,这个局面将有所改变。文化金融生态形成基于一些特征,包括独特的制度设计、资本主体、市场结构、职业者、文化等,其形成既有自然演进,也有创新推动,从经济学角度上看是一个演化过程。这一演化,外部因素往往是关键诱因。2017年,金融改革背景下的新政策环境使文化金融发展呈现创新与规范并重、调整与突破并行的态势,挑战之中蕴含机遇,这一态势正在对良性的文化金融生态提供有利环境。从2018年开始,文化金融或能够开启生态演化模式,初现文化金融生态的雏形。

1.金融改革促服务实体经济成文化金融生态逻辑起点

文化金融生态或许可以形成,但我们需要的是形成良性的生态,这取决于文化金融是否与文化生产紧密相关。我们需要坚持文化金融必须服务于文化生产,而不是脱离文化生产。

自2015年就开始的金融监管趋紧形势在近两年来更加明朗,

金融监管文件密集出台，涉及商业银行理财业务、信托公司风险监管、银行业"三套利"和"四不当"、保险资管、证券投资基金等多个领域。2017年全国金融工作会议的召开与国务院金融稳定工作委员会的成立，标志着金融改革新时代的来临，金融工作的主要内容指向三个方面：深化金融改革、增强金融服务实体经济能力、健全金融监管体系。而服务于实体经济，正是文化金融生态的基本逻辑起点。在金融改革的背景下，2018年的文化金融政策设计方向应有调整，对切实服务于文化生产的文化金融机构应有政策倾斜。

2. 专营化文化金融机构是文化金融生态的关键主体

文化金融生态的关键环节是资本主体，主要是金融机构。谁在文化金融生态中的最重要的"种群"？不是三心二意的金融机构，而是专心做文化金融的机构。只有专营化程度够高，才会有独特的产业职业者。因此，文化金融生态化的关键是文化金融机构专营化。

2014年以来，除了早期在北京有些文化金融类机构成立，近几年其他地区少有动作，银行、保险业较少成立文化金融专营机构，甚至有些已经成立的机构已经撤销，专营化过程一度处于停滞状态。传统金融机构需要进一步探索设立专营机构，也需要建立更多新型的独立的文化金融专营机构，即便有了遍地开花的文化产业投资基金，也需要加快培养专业化人才。2017年，北京银行等成立了文化金融专营机构，并探索成立版权银行；中国人保财险与早已进入中国市场的美国电影金融公司（FFI）开展合作，探索完片担保和完片保险业务。这些探索，又给文化金融机构专营化、专业化带来新的希望。我们至今还没有在国际上早有成功先例的专业电影金融公司和文化保险公司，这或在2018年有所突破。

3. 覆盖产业链的独特产品是维系文化金融生态的重要手段

文化金融不能只停留在利用传统金融产品服务于文化企业这个层面上。2010年以来，为贯彻国家金融支持文化产业发展的政策，金融机构积极推出了结合文化产业特点的一些信贷、保险、债券、信托产品，这些专属产品是文化金融机构服务文化产业的重要工具。

2017年重要的事件是国家发展改革委推出文化产业专项债。有些金融工具在实践中遇到很多困难，甚至在金融监管趋严的环境下当作高风险业务予以放弃或搁置，但毕竟是有益的探索。未来，文化金融不仅需要基于文化资产、版权等形成独特产品，还需要推动覆盖供应链和产业链（创作、生产、流通、传播、展示、消费）的产品体系，这样才能形成良好生态。目前很多产品还只是集中于生产、流通、展示等环节，在两端的创作和消费还较为短缺，如著作权侵权险、文化消费信贷。2017年是普惠金融发展关键之年，随着普惠金融和金融科技的发展，文化消费金融在2018或有新的突破。

4. 文化金融领域基础建设夯实文化金融生态基础环境

金融监管趋严环境下,哪个金融领域的文化金融创新空间更大?答案是文化金融领域的基础设施建设。规范的金融需要规范坚实的金融基础设施,在中观层面上,需要在产业政策、企业征信、无形资产评估、行业规则、风险管理等方面取得进一步突破,这是金融风险防范的必要基础,也是文化金融生态良性循环的基础环境。

有些亮点值得我们注意:2016年,中国资产评估协会发布《文化企业无形资产评估指导意见》,2017年10月1日起,中国资产评估协会修订的《知识产权资产评估指南》开始施行,一些专业的资产评估机构开始将无形资产评估作为重要业务方向。经商务部信用工作办公室和国资委行业协会联系办公室的批准,中国文化产业协会开始承担全国文化行业信用评价工作。2016年8月,北京市朝阳区国家文创实验区发起成立全国首家文化企业信用促进会,截至2017年底,已经与4家银行机构、8家担保机构、7家信用评级机构合作,形成了信用评级、快捷担保、见保即贷、贴息贴保的工作闭环,这是文化金融基础建设的很好尝试。文化金融方面的基础建设不仅对文化金融良性发展有利,而且其中一些是很好的经营性服务领域。可以预见,除了政府和文化产业社会组织,政府背景的文化投资机构、大数据金融服务机构、中介服务机构等都将积极参与到文化金融方面的基础建设上。

5. 补短多层次资本市场正在丰富文化金融生态的资本多样性

在新的金融政策环境下，文化产业主板资本市场呈现新的形态。一方面，文化企业在主板市场依旧较为活跃，2017年首次公开募股（Initial Public Offering，IPO）的文化企业有24家。另一方面，主板市场文化企业投资并购行为受到关注，一些投机行为受到调查。

在新三板市场，爆发式挂牌不再，不断推出的监管措施正在推动市场出清；国家启动区域性股权交易市场（三板市场）规范发展周期；各类交易所清理整顿"回头看"工作深入。文化产业多层次资本市场在四板市场一直有名无实，但2017年已有可喜变化。江苏股交中心、宁波股交中心、广州股交中心等一些区域性股权交易市场开设了文创专板等。深圳文化产权交易所等一些文化产权交易所进行了积极转型，继续推动"文化四板"等工作。2018年，新三板竞价交易时代来临刺激文化企业投资，更多四板市场的文创板将设立，整顿后的文化产业股权众筹有望重新出发。

金融监管倒逼了各级资本市场改革，正在补齐文化产业多层次资本市场构建中的短板，各类资本多样性提高，支撑文化金融生态的资本结构有望初建。

6. 文化金融纳入城市经济建设版图提升文化金融生态空间

就特定城市而言，发展文化金融必须结合城市特点、区位优势和产业特色。北京、南京、西安、宁波、成都、杭州等城市一直在探索文化金融合作试验区的创建工作。

2017年12月,北京市东城区政府、央行、上海证券交易所等部门和机构就东城区创建国家文化与金融合作示范区分别签署战略合作备忘录或协议。文化金融合作试验区或示范区推动工作将在2018年初见成效,这将推动文化金融融入城市经济建设版图。更值得关注的是,由于金融在国家发展战略和区域经济发展中的作用越来越重要,很多城市基于自身优势,同时结合辐射一定区域经济发展和文化产业发展的需要,将发展文化金融作为特色金融的重要类型,将文化金融作为金融发展规划的工作重点之一,一些具有鲜明特色的文化金融中心城市开始形成。

文化金融在城市经济建设中地位的提升,将使文化金融具有更加广阔的生态建设空间,文化金融的利益相关者更加丰富,文化金融产业价值关系及结构更加完善。

7. 金融界与文化产业研究界共同推动文化金融生态演化

2016—2017年,文化产业界关于文化金融的专门研讨活动密度大大增加,很多有影响力的专业金融博览会或金融论坛也将文化金融作为主题或主题之一;金融研究界对文化金融有了更高的关注度,打破了文化产业研究界"一头热"的局面。2017年,国家高端智库——国家金融与发展实验室举办智库论坛,对《中国文化金融发展报告(2017)》进行了专门解读,"文化金融蓝皮书

2018版开题研讨会"在中国社科院金融研究所召开；清华大学五道口金融学院成立文创金融研究中心，中央财经大学成立文化与金融研究中心。

文化金融作为专门研究领域正在得到金融研究界的重视，文化金融正在走向主流金融阵营。文化金融学术研究群体既是文化金融生态的组成部分，其研究的深入也将成为文化金融生态演化的重要推动力。

2017年5月7日中共中央办公厅、国务院办公厅印发《国家"十三五"时期文化发展改革规划纲要》，在"完善和落实文化经济政策"中明确要求"发展文化金融"。而在新的金融政策环境下，一方面要一如既往坚决发展文化金融，另一方面要坚持文化金融的规范、有序、良性发展。这一政策基调下，监管与创新并重，调整与突破并行，这是未来文化金融发展两根主线拧成的一股绳，并行不悖。2018年，改革需要深入，创新需要转向，探索要更加务实，或许这正是培育文化金融生态的催化剂，文化金融生态演化模式由此开启。

我国文化金融呈现"五个并重"新特征[①]

作为一个特殊经济现象，我国的文化金融是随着文化产业的兴起而兴起的，将文化金融作为一种独特的研究范畴是中国的一

---

① 本文原载于《当代金融家》杂志，2018年第4期。

种创造。这种创造不是凭空而来的,而是基于我国文化产业发展的坚实基础,基于中央政府和各地方政府就文化金融发展提供的政策设计和制度环境,以及基于金融资本、社会资本参与文化产业发展和文化建设的丰富实践。

在新的时期(2016—2020年),作为文化经济发展的重要组成部分,文化金融发展既要推动创新,努力补足短板,又要适应新时代经济发展和文化发展的要求,需要稳中求进,小步快跑,其发展态势也呈现出一些新的特征。这些特征归纳起来主要是"五个并重":顶层设计与基层执行绩效并重;规范发展与创新发展并重;规模增长与高质量发展并重;内容产业与融合性产业并重;文化产品生产(供给)与文化消费并重。

1. 制度供给:顶层设计与基层执行绩效并重

我国文化金融的兴起和发展与我国文化产业发展历程和文化经济政策密切相关。虽然我国文化产业发展可以追溯到改革开放初期,但作为严格意义上的产业经济形态大体上起步于2003年启动的文化体制改革。如果将文化金融发展历程划分为兴起(基本形成框架和雏形)、发展(稳定增长并完善机制体制)和繁荣(较大的市场规模和完备的生态)三大阶段,2003年至今,通过文化金融的初步探索和政策专门化,我国文化金融发展已经基本完成了文化金融发展第一个大的阶段,即文化金融的兴起阶段。

2003—2009年是文化金融初步探索的阶段。在中央政府发布的相关政策文件中,文化金融方面的内容主要是如何争取金融（尤其是银行信贷）对文化体制改革和文化产业发展的支持,在范围上逐渐包含了银行信贷、保险、产业基金、资本市场等多方面内容。2009—2014年是文化金融开始专门化的阶段,这一阶段的主要特征是财政金融主管部门共同参与制定相关政策,所以金融专业化程度较高,涉及的范围也越来越广,基本涵盖了现代金融服务的领域。自2009年5月商务部、文化部、广电总局、新闻出版总署、中国进出口银行联合出台《关于金融支持文化出口的指导意见》（商服贸发〔2009〕191号）起,政府部门开始有多部文化金融类专门政策出台,包括《关于金融支持文化产业振兴和发展繁荣的指导意见》（银发〔2010〕94号）,《关于深入推进文化金融合作的意见》（文产发〔2014〕14号）等。由于中央政府的大力推动,地方政府和各相关职能部门也推出了很多专门性文化金融政策,进一步促进了文化金融实践。2014年《关于深入推进文化金融合作的意见》出台后,北京、江苏、浙江、上海、安徽、江西等很多省份都出台了相应的实施意见。

中央政府在政策层面出台的专门文件或相关文件,已经基本奠定了我国文化金融政策的框架和总的基调。在新的时期,需要在顶层设计中延续和强化文化金融政策基调、地方政府在文化金融政策方面更加精细化,专业化程度更高。2014年以来,国家级相关文件都继续维持了文化金融发展的政策基调。如2017年5月7日中共中央办公厅、国务院办公厅印发《国家"十三五"时期文化发展改革规划纲要》在"完善和落实文化经济政策"中明确要求"发展文化金融"并提出了具体的内容。主要内容是：鼓励金融机构开发适合文化企业特点的文化金融产品；支持符合条件的文化企业直接融资，支持上市文化企业利用资本市场并购重组；规范引导面向文化领域的互联网金融业务发展；完善文化金融中介服务体系，促进文化金融对接；探索开展无形资产抵押、质押贷款业务；鼓励开发文化消费信贷产品。《"十三五"国家战略性新兴产业发展规划》中将"文化金融创新工程"作为"文化产业四大计划两大工程"之一，同时要求发挥财政政策、金融政策、产业政策的协同效应，为社会资本进入文化产业提供金融支持。地方政府和金融监管部门也有相应的举措，推动了文化金融政策的精细化，推动了文化金融实践。如2018年2月5日北京银监局、北京市文资办公布了《关于促进首都文化金融发展的意见》，其主要内容涉及八个方面：政策、组织服务体系、文化产业新业态、资金投入方向、服务产品创新、业务流程和管理模式、金融服务平台、文化金融生态圈等。

在供给侧结构性改革的背景下，文化产业领域的供给侧问题主要是制度供给，其次才是产品供给。当前，我国文化金融还缺乏法律法规层面的设计，而基层在执行既定政策中还缺乏协同和效率，大多数地方还无法结合本地实际情况提出具体的执行方案。实际上，在全国大多数地区，中央政府很多既定的政策还未得到有效执行，如文化金融机构专营化、组织创新、文化金融服务平台建设等方面只有少数省份和金融机构取得了进展。新时期，政策层面上的成果急需"中间开花、两侧结果"。

2. 监管环境：规范发展与创新发展并重

2009年以来，文化金融创新的领域主要是：传统金融机构的文化金融产品创新和组织机构创新；资本市场文化资源资本化（如明星证券化）；新兴文化产品交易模式创新（如文交所）；互联网文化金融创新（如文化众筹）等。2015年以来，我国金融业出现的很多乱象引起监管层关注，文化产业投资领域的一些高风险领域也成为整体金融体系的"重灾区"。如2016年以来，与文化产业相关的并购、跨界定增等一直受到监管层的高度关注，以万家文化为典型的过度投机行为屡被调查。而随着各类交易所清理整顿工作的开展，大多数文化产权交易所尤其是开展邮币卡电子盘业务的文化产权交易所均在重点清查之列。

2016年，我国金融监管部门开始出台一系列政策。2017年7月，全国金融工作会议召开，随后国务院金融稳定工作委员会成立，我国金融改革进入攻坚克难阶段。从2017年两会《政府工作报告》到全国金融工作会议，金融工作主要涉及三大主题：深化金融改革；增强金融服务实体经济能力；健全金融监管体系，守住不发生系统性金融风险的底线。在鼓励金融创新的同时，如何加强监管、防控风险已经成为新的重大课题。在新的金融政策及监管环境下，文化金融领域也有防风险、去泡沫的任务，要防范文化金融领域的风险，防止非理性投资和过度投机行为，推动资本回归文化实体经济。

强监管并不意味着停止创新的脚步，文化金融领域仍需要继续推动创新。文化金融是一种服务于文化生产的金融形态，需要通过创新服务于文化产业的实体经济领域。所以，文化金融创新也需要紧紧围绕服务实体经济和规范发展。新时期的文化金融创新，主要有以下几个重点：推动结合文化资源特点的金融产品创新；推动组织创新，推动文化金融机构专营化；推动四板资本市场服务于文化产业，推动股权众筹服务于文化产业，完善多层次资本市场；推动互联网技术和金融科技在文化金融领域的应用；促进文化金融与城市建设结合发展，推动文化金融中心城市建设。

3. 发展目标：规模增长与高质量发展并重

我国的文化产业投融资规模逐年扩大，尤其是社会资本已经成为文化资本市场的主体，资本市场对文化产业的关注呈现了似乎"过热"的形态。但是，从横向比较看，目前各类金融机构在文化产业的投入水平仍然较低，与文化产业在国民经济体系中的地位非常不匹配。由于文化金融市场统计还不完善，其市场规模还无从准确得出，但从以下一些相关数据的粗略比较上看，文化金融依旧面临着实现规模增长的目标需要。

2017年社会融资规模存量为174.64万亿元，同比增长12%。2017年末，金融机构人民币各项贷款余额120.1万亿元，而文化类相应数据推算约3 500亿元（2015年我国文化、体育和娱乐业人民币中长期贷款余额为2 458亿元）。2016年我国债券市场规模10.7万亿元，其中企业债5 925.70亿元，企业债中城投债5 285亿，产业债 640.70 亿，而文化类约 500 亿元。2016 年我国保险行业共实现原保险保费收入 3.1 万亿元，以文化保险险种为基础的保险收入没有专项统计，推算应不超过 20 亿元。总体上大多数金融市场中文化金融所占比例都非常低，有些甚至可以忽略不计。只有股票市场相对均衡，截至 2017 年 11 月 3 日，沪深总市值合计为 57.5 万亿元，其中文化类企业市值约占 3%。

然而，规模增长过快又会带来不规范、不健康、急功近利等问题，所以既要保持规模增长，又要保证高质量发展，是这个阶段的重要特征之一。在保障高质量发展的因素中，建设文化金融基础设施是必然的一个选择。推动文化金融基础设施建设，包括法律法规、会计审计、风险管理、企业征信、无形资产评估、行业规则等方面。一方面要在由政府和行业组织建设的同时积极激发社会资本参与建设；另一方面，要借助金融科技的力量，推动文化金融基础设施建设在新时期获得新的突破。

4. 产业重心：内容产业与融合性产业并重

从产业形态上看，文化金融是一种特殊的金融服务业。文化金融在服务对象上可以分为内容产业、文化产业和文化建设（含文化事业）三个层次，但基本层次是文化产业，核心层次是内容产业（电影电视、新闻出版、文学艺术、演艺、游戏动漫等）。

文化金融之所以与其他产业金融（如交通金融、能源金融、房地产金融等）有所不同，其主要特征就是拥有以文化资源为基础形成的金融工具及市场,而文化资源主要是无形资产和版权。无论金融机构和资本以何种方式参与文化产业,离开了无形资产和版权,文化金融便不具有典型性。因此,从逻辑上,文化金融的产业重心应是内容产业,自从国家推动文化金融发展以来,也一直将无形资产和版权在金融服务中的角色加以重点关注,并期望在此取得突破。如《国家"十三五"时期文化发展改革规划纲要》在"完善和落实文化经济政策"中继续提出要"探索开展无形资产抵押、质押贷款业务"。

虽然内容产业文化金融的发展还不尽如人意,但毕竟已经取得不小的进步,一些围绕版权、无形资产的金融产品也已开发出来了。在新时期,内容产业仍是文化金融服务的产业重心,仍需要加快推动文化金融中的无形资产评估与文化资源资本化。同时,还应结合文化产业运营、财务等方面的特点,研究内容生产的产业链价值发现问题,推动覆盖供应链和产业链的金融产品体系。

文化金融除了聚焦内容产业以外,还需重点关注其他文化创意融合性产业。一方面,无形资产和版权资产不仅存在于统计意义上的内容产业或文化产业,许多与文化产业融合度较高的产业都对无形资产和版权具有一定的依赖性,如旅游产业、体育产业等。另一方面,以无形资产和版权为核心、以其他资产形态为辅助的形式,为文化金融服务提供了更多的组合和参照(如软硬资产组合),这既是当下融合时代文化金融发展的重要途径之一,也是机遇之一。文化产业与相关产业的融合是大势所趋,在国家机构改革中,新组建的文化和旅游部整合了文化产业和旅游产业两个主管部门,文化产业与旅游产业的融合进一步加快,为文化金融发展提供了更加广阔的空间。

5. 价值环节:产品生产(供给)与文化消费并重

文化生产是从创作、生产、流通、传播到消费的一系列过程,是文化产品和服务供给与需求的不断取得均衡的过程。发展文化金融可以为产业提供充足的资本,提升产品供给质量。然而,金融永远都不是"无偿"和义务的,需要发现价值环节才会产生参与的动力。多年来,供给端的生产、流通、传播环节被认为是最主要的价值环节,是金融参与文化产业的最主要路径。而从政策上看,文化金融发展十几年来,政策要求服务的主要领域是文化产品生产和文化贸易。金融产品和服务只集中于生产、流通、传播等环节,在文化生产的两端(创作和消费)还较为薄弱,尤其是在消费端。

发展文化金融需要同时关注文化消费,文化产品的生产或供给问题一定要与文化消费结合起来。新时代最重要的特征是社会主要矛盾的变化,而文化产品一定要满足人民日益增长的美好生活需要,文化消费的重要性在新时期更加凸显。随着我国国民经济的飞速发展,居民消费水平得到很大的提高,但在文化消费上仍然存在巨大的缺口。2016年以来,政府一直大力推动文化消费,文化部、财政部开展了文化消费试点城市创建工作,主要内容是扩大文化产品和服务的有效供给、推进惠民便民措施、提高文化消费便捷度、促进文旅体商融合发展等。目前，全国范围内共有45个城市确定为国家文化消费试点城市。

我国政府在金融如何支持文化消费方面虽然着墨不多，但很多文件是有定调的，如2017年5月印发的《国家"十三五"时期文化发展改革规划纲要》在"完善和落实文化经济政策"中特别提出了"鼓励开发文化消费信贷产品"。因此，在新的时期，金融和资本除了支持文化生产的生产、流通、传播等环节外，还需关注消费环节，而且对于文化金融服务机构来说，文化消费必将成为重要的价值发现领域。

文化金融发展背负多重压力[①]

我国的文化金融在2010年之前一直处于萌芽时期，从2010年开始进入了成长期。进入成长期以来，我国文化金融取得了较大的进步，从文化金融市场增长率、金融产品种类、机构参与者数量、市场占有率、制度供给、技术革新、客户行为等方面综合来看，文化金融的成就是令人瞩目的。但这个成长期并不平顺，从2016年以来文化金融发展不仅进入相对缓慢增长的时期，而且有较大的结构性波动。

2018年的文化金融的发展可圈可点，但前行艰难，有些领域

---

① 本文由作者根据其在2018峰火文创大会（广州）上的主题为《当前形势与文化金融发展》的演讲内容整理，原载于"文化金融观察"公众号，2019年1月4日，内容有调整。

已经开始下滑。当然，形成当前这种态势的原因有一部分来自文化金融发展内部（如市场主体能力不足、市场机制不健全、政策执行绩效不佳等），但我们这里主要回顾一下近一年来外部环境的一些变化对于文化金融的影响。我们可以分从宏观经济形势、金融政策环境和文化产业发展环境三个方面看这个问题。

1. 宏观经济环境总体收紧，不确定性因素叠加

文化金融发展与宏观经济环境之间原本是弱相关关系，但是这几年，宏观经济环境对文化金融的发展的影响越来越明显。中央在 2018 年 10 月份对当前经济形势的判断是："当前经济运行稳中有变，经济下行压力有所加大，部分企业经营困难较多，长期积累的风险隐患有所暴露""当前我国经济形势是长期和短期、内部和外部等因素共同作用的结果"。什么是"稳中有变"，"部分企业"是多大一部分企业，相信大家都有自己的理解。

大环境的变化对资本流向的影响非常明显，这里看两个标志性事件。一个是关于民营经济的争论，这涉及产业发展的内部动力问题。虽然这场争论似乎以高层的最后论断为终点结束了，但是实际上我们依旧能够感受到其不良影响仍在弥漫。民营经济是我国经济发展的动力所在，也是文化产业市场化的主要力量。在各经济部门，企业或厂商是经济发展的基础，而其中的民营经济部分最具创新能力。根据国家统计局数据，我国的民营文化企业中规模以上的企业 4 万家，占文化企业总数的 73%，营业收入 7.6

万亿元，占 83%。没有民营经济，文化金融就失去了市场经济的基础。民营经济未来的发展决定了文化产业的发展，也决定了文化金融的发展。现在，很多民营文化企业家继续经营企业的意愿开始降低，希望尽快转让或被并购，这不是好现象。另一个标志性事件是中美贸易摩擦，这是外部经济环境问题，是很大的变数。这个事件看起来离文化金融很远，实际上有很大关系。中美贸易摩擦持续时间越久，我国的文化产业被边缘化的可能性就越大，可能沦为"说起来重要、忙起来不要"的境地。而且，这不是单纯中美之间的事情，会牵扯到世界主要经济体，贸易摩擦持续时间越久，我们与国际文化产业的合作就有更多变数，在版权领域的争议也会更多。其实，我们是在最近这十年刚刚学会与国际文化产业界合作的，也出了一些比较接近国际水准的作品。

大国崛起之际，民族复兴进入关键时期，而我们必须面对这两年环境变化和经济转型中出现的各种矛盾，关键词是"压力"和"不确定性"。宏观上，主要是经济下行压力，如果刺激经济回到依靠房地产的老路上就没希望了。微观上，企业面临巨大的成本压力，文化企业还有监管压力。另外，很多群体面临就业压力，一些企业开始大规模裁员。人们无法根据经验判断未来会发生什么，观察家对未来的判断可能从来没有如此有重大分歧。

2. 金融监管环境继续强化，市场创新意愿收敛

2016 年以来，各种风险被暴露出来，金融监管强化，金融环

境有所净化。但金融创新领域也受到一定抑制，互联网金融几乎停摆，资管理财业务面临洗牌。近两年来连续出台十几项相关政策防范金融风险，如2018年的《关于规范金融机构资产管理业务的指导意见》（即"资管新规"），为金融体系风险防范打下来非常好的基础。去杠杆被认为是防风险工作的重中之重，这方面已经取得一定成效，2018年提出要"稳杠杆"。

其实，文化金融领域，具有标志意义的2014年《关于深入推进文化金融合作的指导意见》发布之后，政策还未来得及完全消化，就赶上了2016年的金融监管风暴，2016年成为文化金融进入波动时期的标志性节点。2016年以来，一些非理性和投机行为受到监管层的高度关注，2018年还有一些政策直接针对文化类企业上市、并购领域，如证监会10月下发的《再融资审核财务知识问答》《再融资审核非财务知识问答》中的相关条款。总体上，这些措施不仅有利于防范文化金融领域的金融风险，还有利于抑制文化产业投资领域的非理性投资和过度投机。但是，我们还应看到文化金融市场创新意愿大大收敛，很多所谓创新已经有名无实，这是政策的抑制作用，需要及时消解这些负面影响。

在防范金融风险的同时，金融改革的一个重要任务是推动金融服务实体经济。2015年以后一直在降准，2018年就有四次降准，每次都要释放资金几千亿元，而且有些直接针对实体经济，数字上看实体经济应该受惠了。有人说我国总体的金融环境是"宽货币、紧信用"，最近几个月又有了"宽信用"的风向，但文化企业融资的难度似乎更大了。所谓供给侧改革的"降成本"问题,包括税费成本、融资成本、制度性交易成本等,其中之一就是企业的融资成本问题,但很多企业并没有切实感受到融资成本降了。另外,2018年文化企业尤其是影视类,在"税"这个问题上遇到了几个事件,到底需要如何推动文化财税政策?需要我们仔细研究。

在这个周期,应该尽快完成金融风险管控的基础性工作,转入重点营造积极而宽松的产业发展环境,释放创新活力,恢复企业信心;加强政策执行绩效,深耕原有政策潜力;同时,应利用规范整顿窗口期积极推动文化金融专营化和文化金融基础设施建设,尤其是文化企业征信和无形资产评估这两大支柱的建设。

3. 文化产业保持平缓中高速增长,内容创新动力不足

文化产业发展是文化金融发展的基础,从数据上看,文化产业已经具有一定的规模。自2012年进入经济发展新常态以来,我国文化产业增速也进入11%~12%的中高速平缓区间。国家统计局最近公布的统计数据,根据新的统计口径,2017年全国文化及相关产业增加值为34 722亿元,比上年增长12.8%,占GDP的比重为4.2%。这个规模,已经接近国民经济支柱产业的规模指标,应该说为文化金融的发展提供了良好的产业基础。国家在促进文化产业发展和文化金融的政策大方向上是不变的。2018年文化和旅游部、财政部联合下发了《关于在文化领域推广政府和社会资本合作模式的指导意见》,还有国务院办公厅再次印发的文化体制

改革中经营性文化事业单位转制和支持文化企业发展的"两个规定",都继续鼓励文化金融的发展。

但是,这几年,文化产业的内容创新动力明显不足,内容创新正在偏离方向。文化产业的"三元动力结构"是文化、科技、金融,如果没有内容,科技和金融的力度再大,产业发展的可持续性也是无法保证的。内容创新乏力,文化企业创新能力不足是重要的原因,但政策环境的影响也不容忽视。这几年文化产业的内容监管加强,2018年也有相关政策出台,在净化环境的同时,也给内容创作生产、文化传播渠道等行业造成较大压力,似乎进入了"一管就死,一放就乱"的恶性循环的境地。文化政策环境的变化增加了不确定性,同时叠加了金融监管环境的负面作用,使得很多资本重新研判文化产业。很多与文化产业相关的私募基金2018年陷入募资难、投资难、退出难的困境。如果说从市场角度给文化产业的投资者一些建议,那么我建议在这个周期多关注文化科技、文化旅游和创意设计这三大类文化企业和项目。

改革总要付出代价,转型必然遇到阵痛。总体上,外部环境形成多重压力,内部动能还未释放,文化金融发展正处于比较困难的时期,也就是进入较大的结构性波动时期。在改革开放40周年的这个时间点上望向未来,要穿越困境,就需要及时做出战略调整。

资本结构、政策与技术变革下的
文化和旅游产业金融①

这里所说的"文化和旅游产业金融",是指文化产业金融及旅游产业金融,是两个产业金融的合称。由于文旅融合趋势及主管部门统一化,我们现在可以放在一起讨论。关于文化和旅游产业金融的现状和趋势,有很多认识的角度,这里主要从融资结构、金融政策和技术变革三个方面展开。

1. 从资本结构上,正在摆脱过度依赖间接融资,转向直接融资为主

以往的金融主要是货币金融,未来的金融市场主要形态可能是资本金融,我们正处于一个过渡时期。以往,文化和旅游产业金融过度依赖间接融资,主要是依赖信贷市场,这种结构正在发生变化。经过这十几年的发展,债券市场和股票市场等直接融资市场发展较快。2016 年,我国直接融资增量比重达到 23%,这两年有一些波动,企业信用债有所增长,非金融企业境内股票融资规模下降较大。各级政府都在鼓励文化和旅游企业通过发行企业

---

① 本文根据金巍在 2019 云南国际智慧旅游大会的主旨演讲整理,原载于中国经济网 2019 年 05 月 23 日,原标题为《结构、政策与技术变革下的文化和旅游产业金融》。内容有调整。

债融资，鼓励企业上市，鼓励企业进行并购重组，鼓励设立私募股权基金投资文化和旅游产业，应该说利用直接融资的成效是显著的。

私募股权投资市场是重要的直接融资市场。随着金融监管趋严、经济下行压力增大，股权投资市场近两年来都被认为是遇到了"资本寒冬"，但私募股权基金规模仍然保持着高位，接近13万亿元，其中有15%左右与文化、旅游产业投资相关。需要看到，这些私募股权基金大多数以社会资本为主，他们在"资本寒冬"里仍然在坚持，应该对这些社会资本给予最大的鼓励。

在培育私募股权基金市场方面，政府可以通过政府投资基金、政府引导基金进行有效引导，吸引社会资本共同投资文化和旅游产业。根据中国证券投资基金业协会的数据，截至2017年年底备案的政府引导基金有893只，管理规模为4 863亿元，按这个规模可以带动两万亿元的社会投资，规模不算小。但也存在区域不平衡问题，主要集中在上海、广东、浙江、北京和江苏等地区，占80%以上。

2. 从政策上看，文化和旅游产业金融相关政策开始体系化，政策重心开始转移

我国在金融支持文化和旅游产业方面，很早就有专门政策出台，典型政策包括：2010年《关于金融支持文化产业振兴和发展繁荣的指导意见》、2012年《关于金融支持旅游业加快发展的若

干意见》和 2014 年《关于深入推进文化金融合作的意见》等。当前，以专门政策为主干，以部门和地方专门实施政策、部门和地方专门政策等为辅，在文化和旅游产业金融方面，已经初步形成了一个体系。

在新的形势下，文化和旅游产业金融政策的重点已经有所变化，而且在今后一些政策中持续体现出来。主要是以下几个方面。

一是在总基调上，是创新与监管并重，发展与规范并重。在金融供给侧结构性改革的新要求下，要一手抓防范金融风险，一手抓服务实体经济。这个总基调在未来的文化和旅游产业金融政策上一定会体现出来。在实践中，防风险做得不错，但服务实体经济办法较少，需要通过政策推动。

二是在金融体系自身建设上，重点构建文化和旅游金融服务的完整生态。可以总结为"四化"：产品专属化、机构专营化、市场专门化、基础设施专业化。在基础设施方面，需要重点关注文化和旅游行业的信用管理体系和无形资产评估体系。

三是在支持重点上，要结合当前国家战略，符合总体经济政策导向。如精准扶贫战略、乡村振兴战略、"一带一路"倡议和国际合作。需要结合的另外还有民营经济、中小微企业这些领域。

四是产业形态上，重点支持文化和旅游融合性产业。从产业统计上，文化产业和旅游产业仍然是两个产业，交叉部分才是"文化旅游产业"。但是，当前文旅融合趋势加快，文化和旅游部组建，更促进了文化和旅游的融合。所以未来在金融支持政策的制定上，肯定还要关注这个趋势。

3. 从技术变革上，金融科技的发展正在促进文化和旅游产业金融的进化

云计算、大数据、区块链、人工智能等技术方兴未艾，现代科技的发展正在影响着旅游业向现代化转型。正在形成的智慧旅游，体现在消费、企业运维和政府管理三方面都在实现智慧化。而相同的技术也成就了现代金融，最重要的特征是金融科技的兴起和新金融的发展。现代金融在服务旅游产业的过程中，形成了旅游产业金融的新形态。在文化金融领域也是如此。

关于金融科技，巴塞尔委员会曾经有个从金融业务范畴角度进行的分类，而我们一般更强调技术本身的分类，包括云计算、大数据、区块链、人工智能，以及移动通信技术、物联网技术、生物识别技术、密码技术等相关重大技术等。结合这两方面，我们可以看到业务维度和技术维度形成了无数个交叉节点，虽然节点融合度有高有低，但每个节点都可能是重大变革的节点。金融科技被称为互联网金融的下半场，它与互联网金融的深度结合，对整个金融体系都产生了巨大影响。

从金融体系的要素与功能这两个大的方面看金融科技对金融的影响。在金融体系要素方面的影响有：改变了金融市场格局；构建新的征信与金融风险防控体系等。在金融体系功能方面的影响有：便捷高效的支付手段；多样化的企业融资方式；多样化的消费金融方式；新型的理财服务模式等。

具体到文化和旅游方面，一是整体金融体系的变化必然惠及

文旅领域，二是也有很多具有文旅特色的金融服务形态产生，这是令人期待的进化，如：更加了解客户融资需求；新型文化和旅游企业征信平台；新型的文化资源和无形资产评估与管理体系；新型文旅项目收益评估与证券化；文旅企业数字资产；文旅企业小额贷款；文旅项目股权众筹；新型文旅资产交易市场等。

云计算、大数据、区块链和人工智能等科技，既是一种金融科技，也是一种旅游科技。无论是科技直接应用于智慧旅游，还是通过金融科技服务智慧旅游，最大的受益者都是旅游消费者。表层应用者往往不会意识到变革早已来临。但作为产业实践者和管理者，需要先行一步，未雨绸缪。现在看，金融科技还不到所谓"泡沫"时期，发展中出现一些问题都是正常的。云南省是文旅大省，对资本具有天然吸引力，在金融科技发展和智慧旅游发展的背景下，建议依靠比较优势，大力发展和利用金融科技，以文化、科技和金融为三元动力，切实推动新时代旅游产业发展。

文化产业投融资：不积极应对，则将进一步恶化[①]

在政策和市场双重推动下，2010年以来金融机构和社会资本对文化产业的资金投入明显加大，为"新常态"时期文化产业中高速增长提供了有力的支撑。十年来，文化产业投融资规模有较大的增长，文化金融作为一种特殊的金融服务业态取得了长足的

---

① 本文节选自国家金融与发展实验室智库内部简报，2019年12月。

进步。但是，2017年以来，文化产业投融资状况开始出现下滑，局部波动剧烈。从融资规模尤其是股权融资规模的缩减、行业创新力度和热情的降低，以及金融服务体系的缺陷暴露等几个方面看，我国文化产业投融资形势是非常严峻的。2019年即将过去，未来要面临什么样的挑战仍未可知，所以应积极采取措施，应对可能进一步恶化的局面。

1. 文化产业融资规模下降明显，正在脱离正常社融水平线

2014年与2015年，文化产业融资规模与社会融资规模的走势基本一致的，都是向上增长的。2016年之后，由于受政策、经济等因素的影响，我国社会融资规模增速趋缓，文化产业融资规模随之下降，而且下降的尤其明显，幅度较大。虽然从存量上，文化产业信贷余额仍稳定增长，债券发行也处于稳定增长，但从增量上是下降的。文化产业的股权融资市场，在2016年达到一个较高水平后一直处于下行空间。根据Wind资讯统计数据对上市文化企业股权融资（IPO、定增融资、可转债融资及可交换债融资）进行分析，2011年，我国文化产业股权融资规模只有234.82亿元，利用股权融资的文化企业只有23家；2016年，融资规模高达1 448.9亿元，是2011年的6倍多，融资企业数量达到89家；而仅仅两年后的2018年，文化产业股权融资规模遭受"腰斩"，仅剩747.84亿元，融资企业数量也降到13家。

在社会融资的统计框架下，文化产业融资规模（不含私募股

权投资基金）占同期社会融资规模的比重经历了"过山车"式的变化。2016年之前，在社会融资规模中的比重一直是上升的，而2016年之后开始下降，2018年已经只有0.82%。根据这种下降趋势，可以认为：文化产业融资正脱离正常的社会融资平均水平。如果计算私募股权融资，文化产业融资下行趋势就更加明显。根据清科私募通的数据，文化产业私募股权融资在2014年、2015年都有飞跃式增长，在2016年达到了高峰，为1 049.94亿元，而2018年则只有529.80亿元。虽然2019年私募股权投资市场有所回暖，但很难回到高峰期水平。

造成这一形势的原因主要有两个：一是当文化产业融资规模达到一定的水平时，其增长空间就会被大大压缩，增长率降低是正常的，而且这一时期也大大挤出了前期非理性增长的因素，是好的方面；二是与总体的社会融资规模的影响因素相同，2016年之后文化产业投融资也受到金融监管形势的影响，而且受监管政策影响更大，这导致了文化产业融资规模的下降幅度远远超过社会融资总规模的小小波动。

如果不能及时阻止这种下降趋势，将很难为"十四五"开局打下良好的基础。因此，应当坚定不移地鼓励发展文化产业股权投资市场，为更多社会资本投资文化产业解除顾虑，扫清障碍。同时，应及时调整政策，在风险可控的原则下，鼓励文化企业上市融资，鼓励上市公司再融资，鼓励文化科技企业在科创板上市。积极利用正在推进的新三板全面深化改革的机遇，支持挂牌文化企业进入"精选层"，积极参与转板。应该鼓励更多的文化内容企业在新三板挂牌。

2. 文化金融产品创新、组织创新力度和热情下降

机构是市场主体，其创新的力度和热情代表市场的态度。以商业银行为代表，2010—2016年，出现了较多的文化金融产品创新和组织创新，一度成为金融行业一道亮丽的风景线。但在近些年，由于受内外部各种因素的影响，文化金融创新已经有所停滞，已经几乎没有更新的创新亮点。

以版权等无形资产为中心进行金融产品创新是文化金融的重要特点，但在实践中相关产品的市场渗透率低，很多产品还要和其他担保手段结合使用。由于信用管理薄弱，文化金融信贷产品中缺少信用等核心内容的创新，纯信用贷款较难推行，即便有政府部门组织进行集体授信，但实践上仍存在很多困难。组织创新方面，商业银行成立了文化金融专营机构（文化金融事业部、专营支行等），但数量少、经营管理效率低，一些文创专营支行长期存在盈利为负的现象，一些特色支行基本上名存实亡。已经成立的文化小贷、文化融资租赁、文化融资担保等机构，由于市场较小，限制较多，其中一些已经准备将重点转移至其他业务。

面对这种局面，仍需积极推动以专营化文化金融机构为轴心的文化金融生态建设，需要以更宽松的制度培育专营化机构生存土壤。结合中小银行改革形势，鼓励中小银行更多设立文化金融专营支行，鼓励特色行向专营行转型；应对文化金融专营机构在

营业范围的、地域上的政策上有所倾斜。推动成立以文化产业服务为主要业务的民营银行一直是业界努力方向，监管部门应对此有所倾斜，与其存在那么多同质化极高的中小银行和民营银行，为什么不可以成立特色化的文化产业银行呢？在文化保险方面，重点推动成立文化产业服务方向的文化保险专门机构、专营分支公司，推动成立艺术品保险公司等，这完全符合政策，只是需要主管部门小心求证、大胆实践。其他方面，通过机构协同合作，通过投贷租联动、投租联动、投贷担联动等模式，鼓励文化担保、文化融资租赁机构探索主营业务创新。

在机构专营化的基础上，产品创新问题可以取得进一步解决。当前不仅需要鼓励银行、保险机构、融资担保、融资租赁、信托、资产管理机构继续丰富现有文化金融产品体系，加大专属产品的比重，还要尽快推动研究文化金融产品创新流程及业务标准。

3. 文化金融服务体系不完善，基础设施短板效应显现

我国虽然初步建立了包括文化金融产品、机构、市场、基础设施、政策在内的一套文化金融服务体系，但是发展质量并不高。总体上，目前我国文化金融服务体系的各个要素都相对薄弱，一些要素只是象征性的存在，在体系韧性上仍是"弱不禁风"的，在结构上是存在重大缺陷的。其中，文化金融领域相关基础设施是多年来一直被忽视的重要领域。当文化产业规模和文化产业投融资规模达到一定水平，基础设施的短板效应也会显现出来，会成为文化金融

服务体系"最短的一块木板"。同时,由于在近几年金融监管趋严,文化金融领域基础设施薄弱的问题更是提前暴露出来。信用、资产评估等基础不牢,导致风险不可控,在严监管风暴中与文化产业相关的新金融模式几乎全军覆没。这说明,虽然在各类文化金融政策中,与信用、资产评估、风险管理等相关的内容都有所涉及,包括强调文化企业征信、无形资产评估等方面的工作,但实际效果并不好。在文化产业信用体系方面,除了南京、北京等地区有少量的创新之外,其他地区基本上处于空白状态。

完善的金融基础设施不仅能够提高金融服务的效率,而且是防范金融风险的重要保障。在当前文化金融发展的规范与创新平衡发展时期,文化金融基础设施建设显得尤为重要,这是文化金融发展的内在逻辑。社会资本无力在此领域更多投资,而国有机构多并未认识到文化金融领域基础设施的紧迫性,所以,现实的路径是调动以国有资本为主要主体的各类机构,辅助以一定的财政支持,协同创新。文化金融基础设施构建须重点关注四个方面:文化企业无形资产评估体系和文化产业信用管理体系两大支柱建设,文化金融市场信息系统建设,以及文化数据资产(文化数字资产)管理体系建设。

另外,各地文化产权交易所在各类交易所整顿中已经处于停滞和半停滞状态,大多数文化产权交易所还未能找到新的转型方向,不过其优势和资源仍可利用。应将文化产权交易市场当作基础设施进行建设,加快推动文化产业要素市场的专门化建设,推进人力、机构、产品的融合,以资本市场为中心,整合人力资源市场、知识产权市场（版权市场和技术市场），形成深圳等全国性文化产业要素市场，成为文化产业投融资生态的基石。

文化金融十年：在创新与变革中成长 ①

文化金融是一种服务于文化生产尤其是文化产业的金融业务领域。作为一种金融活动和特殊的经济现象，文化金融具有自身发展的规律和生命周期。2009年，文化金融进入生命周期的成长期。2009年，我国发布《文化产业振兴规划》，要求"加大金融支持"，首次在国家战略层面中较完整地规定了金融支持文化产业的内容。可以说《文化产业振兴规划》的发布是我国文化金融发展进入成长期的起点，从那时起，文化金融发展已经十多年了。十多年来，虽然还有这样那样的问题，但我国文化金融发展取得了很大的进步，概括起来可以从五个方面看。

1. 市场规模：高速增长并极大推动了文化产业发展

十年来，文化金融市场实现了高速增长，为文化产业提供了较好的金融服务，实现了较好的资金融通、风险保障等功能。在银行信贷、债券、上市公司融资、私募股权基金市场等各个方面，市场规模都在十年之间实现了飞跃。文化产业贷款余额已经接近万亿

---

① 本文原载于《当代金融家》杂志，2019年12月。内容有调整。

元，债券发行规模超过 400 亿元，上市公司融资和私募股权融资年度数字均一度超过千亿规模。虽然由于统计口径不同，还无法把各个领域的数据统合到一起，即使统合，文化产业融资规模这个指标也会有不同的数字呈现，但有一点是肯定的：通过这些指标看到，作为一种业态的文化金融发展较快，而且对文化产业的发展起到了至关重要的推动作用。文化产业在整体经济进入"新常态"的背景下处于中高速稳定增长时期，包括"十三五"时期，均未出现大幅度持续下降态势，而是稳定在了 11%~13% 这个区间，这得益于文化金融发展的强力拉动作用。即便是这两年在股权投资市场出现了较大的滑坡，但前几年投入的私募股权投资还在起作用。

2009—2016 年是文化金融发展成长期的第一个阶段，是快速发展和不断创新的阶段。这一阶段文化产业的融资规模达到了顶峰。受金融监管趋紧等外部因素的影响，文化金融从 2017 之后进入成长期的中期阶段。这一时期由于文化产业贷款余额和债券规模仍有所增长，总体上看仍呈现稳定态势，但局部波动剧烈，尤其在股权投资领域。

2. 产品与机构：进入文化金融初步专业化时期

文化金融产品创新的主要形式包括：以文化企业信用为基础设计产品；以文化资产为基础设计产品；以文化企业收益权、所有权为基础设计产品等。银行、信托、保险、融资租赁、融资担保等机构都有专门的文化金融产品设计并应用于市场。中国银行业协会的一项调查显示，在受调查的 111 家银行中，有 40% 以上的银行都发行了文化产业相关创新信贷产品，主要种类有文创贷、影视贷、文化贷、大师贷、知识产权质押贷款、版权质押贷款、商标权质押贷款、艺术品质押贷款、股权质押贷款等。文化产业信贷创新产品加权不良贷款率为 0.32%，明显低于同期银行业整体不良贷款率的 1.74%。在文化产业保险产品方面，除了演艺活动财产保险、演艺活动公众责任保险、演艺活动取消保险等 11 个试点险种以外，还有多种产品创新。十年来，保险行业正在针对演艺、动漫、影视、艺术品、会展等细分行业的特定风险，逐步探索构建文化保险产品体系。

这十年，金融机构参与文化产业投融资的密度明显增强，很多银行成立了文化产业特色支行、专营支行等。2013 年 10 月，杭州银行设立了全国首家文创金融专营机构，此后光大银行、包商银行、青岛银行、北京银行、华夏银行、浦发银行、西安银行、江苏银行等纷纷设立了专营机构。中国民生银行、杭州银行、北京银行等较早设立了事业部制专门机构服务文化产业。在金融领域，出现了少量的文化融资租赁、文化融资担保、文化小贷公司等专门服务于文化产业的金融机构。经过多年发展，在金融机构和文化企业之中，已经开始出现一批既懂得金融也懂得文化产业的混合型专业人才。

3. 资本市场：较为充分地利用多元化多层次资本市场

除了银行信贷，文化企业已经能够较为充分地利用多层次股权资本市场。根据 Wind 数据库估算，在信用债的证监会行业分类下，我国文化产业债券发行规模在 2018 年达到 465.96 亿元，而同一口径下，2012 年文化产业债券发行规模只有 39.5 亿元，年均增长率为 50.87%。

我国政府鼓励文化企业通过上市进行融资，目前已经约有 200 多家文化企业在深交所和上交所的主板、创业板上市。文化类上市公司通过 IPO 和定增获得了更多的融资，成为资本市场一个重要的题材板块。2011 年，我国文化类上市公司股权融资规模只有 234.82 亿元，利用股权融资的文化企业只有 23 家；而 2016 年，融资规模高达 1 448.9 亿元，企业也达到 89 家。在新三板挂牌文化企业数量约占总数量的 13%；一些区域性股权市场开始对文化企业提供专门服务，设置了"文创板"或"文旅板"；"中证报价系统"这样的场外市场也关注文化产业，与相关部门进行了合作。十年来，我国私募股权基金在文化产业投资的热度一度出现"过热"的局面，我国投资文化产业的私募股权投资基金有较大的增长，基金管理规模、年募资金额、年投资金额都呈现高速增长趋势，在 2016 年达到一个高峰。

2017 年之后，文化产业融资结构中占较大增量比重的股权融资部分呈现了急速下滑的态势。金融监管环境趋严，这虽然是正在挤出非理性增长的成分，但也一定程度上抑制了市场投资热情。

上市公司股权融资规模近乎"腰斩"。2018 年上市公司股权融资仅有 747.84 亿元,融资企业数量也降到 13 家。一些私募股权基金退出文化产业投资领域,私募股权基金在文化产业的投资额在 2016 年达到高峰,为 1 049.94 亿元,2018 年降到了 529.80 亿元,2019 年私募股权投资市场有所回暖,但很难回到 2016 年的水平。从整体数据看,可以认为我国的文化产业融资趋势正在脱离正常的社会融资平均水平。文化产业融资结构中,虽然股权融资比例或直接融资比例处于较高的水平上,但由于总量上的低水平,目前这个比例的意义并不大。

4. 制度供给:形成文化金融政策体系雏形

2009 年,《文化产业振兴规划》出台的背景之一是之前殃及全球的金融危机,那一场金融危机对我国的进出口直至整体经济都造成了巨大的影响。振兴文化产业成为振兴经济的一个重要选项,由于这种经济战略的需要,金融与文化产业的关系被重视起来。《文化产业振兴规划》关于金融支持文化产业的主要内容包括银行业、担保和再担保、企业上市融资、上市后再融资(公开增发、定向增发)、企业债券等方面。此后,我国中央政府和地方政府发布了一系列较有影响力的文化金融专门政策文件,其中最重要的有两部,一个是 2010 年中宣部、中国人民银行、文化部等九部门印发的《关于金融支持文化产业振兴和发展繁荣的指导意见》。另一个是 2014 年文化部会同中国人民银行、财政部出台的

《关于深入推进文化金融合作的意见》,这些都是全国性文化金融专门政策文件,其内容奠定了我国文化金融政策的基本框架。

我国的文化金融发展具有很强的中国特色,体现了后发国家以政策推动产业发展的政府意志,这是我国文化金融发展区别于主要资本主义发达国家的特征之一。经过十年发展,我国文化金融政策已经具备了体系化的雏形,主要体现在总体文化政策及金融政策、文化经济政策、文化金融专门政策等几个层面。在政策推动下,文化产业的各个行业都积极进行投融资实践,资本市场爆发出极强的活力,文化产业融资渠道日益丰富,呈现出政策驱动与市场创新联动、整体规划与分业实践共举的局面。近几年来,金融监管趋严对文化金融发展形成了一定的压力,文化金融进入创新和规范发展并重时期。金融既要服务实体经济,又要防范风险、加强监管和改革开放,文化金融发展在近几年遇到了亟须平衡智慧的局面。

2019年,有关部门发布了《文化产业促进法(草案征求意见稿)》,其中与文化金融相关的内容较多,基本反映了我国多年来在文化金融政策领域的主要成就,也为未来文化金融发展定了一个基调和方向。

5.技术变革:互联网与金融科技的影响持续

从2012年起,技术的进步,尤其是互联网信息技术、数字技术的变革对文化金融的影响逐步增强。几年来,从互联网金融到金融科技，金融体系的技术变革风起云涌，金融监管部门正在大力推动大数据、云计算、人工智能等金融科技的发展。大数据、云计算、人工智能和区块链技术对文化金融的影响，一方面表现在通过改造金融体系而影响文化金融，另一方面是正在形成全新的文化金融服务模式、平台，出现以金融科技为核心竞争力的文化金融服务企业。比较典型的领域有文化企业征信领域的大数据应用、文化资产领域的云计算应用、财富管理领域的人工智能应用、版权管理领域的区块链应用等。

2019年8月，中国人民银行发布了《金融科技发展规划（2019—2021年）》，是技术推动金融体系变革的里程碑事件。2019年10月24日，中央政治局集体学习区块链之后，"把区块链作为核心技术自主创新重要突破口，加快推动区块链技术和产业创新发展"的精神正在被贯彻，金融科技正处于高速发展的最好的时期。2019年，是金融科技与文化金融的关系承前启后的一年，在今后很长一段时期，金融科技变革将成为文化金融发展的主题之一。

十年来文化金融发展经历了丰富的创新时期，也正在经历巨大的变革时期。现在的经济形势并不比2009年更好，2019年我国的GDP增长率已经逼近6%，下行压力巨大，我们仍然需要将文化产业作为国民经济体系中的重要力量来发展。所以，文化金融仍然是极其重要的，必须增强金融服务文化实体经济的能力。

文化金融：通往文化世界的资本力量

"双循环"背景下文化金融发展需提升五种能力[①]

"十三五"时期，我国文化金融发展在经历短暂的高峰时期后一直处于平衡与再平衡的状态，一些领域正亟待释放创新活力。但全球性新冠肺炎疫情流行导致文化金融发展趋势又添变数。2020年，正在成为一个关键的历史十字路口，大家都会发出疑问：中国经济走向何方？中国的文化产业和文化金融走向何方？

1. 新形势下机遇与挑战并存

在认识"双循环"和文化金融发展之间的关系之前，我们首先需要对当前的新形势有个总体上的认识。所谓新形势，主要是2020年新冠肺炎疫情以来，受疫情影响，众多经济社会形势产生变化，同时叠加了原有的一些环境因素，如国际间不断增加的贸易争端。在新形势下，文化产业和文化金融发展都面临着巨大挑战。但也需要认识到，我国既定战略构成的环境并没有大的变化，甚至在新的形势下这种战略环境会有更多的优化，所以对文化产业和文化金融来说仍有着巨大的发展机遇。

首先看挑战。一个挑战是新冠肺炎疫情对文化产业或文旅产

---

① 本文根据作者在2020年10月22日举办的第二届开封国际文化金融与贸易论坛上的演讲整理，原载于"深圳文化产权交易所"公众号，2020年11月2日，原标题为《机遇与挑战："双循环"背景下文化金融如何发展》。内容有调整。

业的致命冲击。大疫之下,政府出台了很多政策,复工复产工作已有很大成效,但有些已经形成的伤害是不可逆的。在这个行业里,中小微企业多,人员黏性差,一旦解散或破产就难以恢复到原来的状态,这对文化金融来说是非常不利的。另一个挑战是更宏观的,是所有产业发展都面临的问题,就是国际局势不确定性正在增强,政治经济领域局部冲突愈演愈烈,军事冲突危机可能性加大。如果这种外部环境有重大变化,产业发展受到的影响可想而知。

再看机遇方面。对于国家和中央来说,局势应该是总体可控的。不确定性之外,有一个确定性是:中华民族伟大复兴的使命不会放弃,坚持改革开放和坚持社会主义市场经济的正确方向不会改变,要相信中央的战略定力。当前,中央提出推动"双循环"新发展格局战略,就是坚持以我为主,以积极的态度应对全球局势的剧变。这是我们要更积极地发展文化产业的大背景,这个大背景不变,文化产业发展依旧有很好的未来。

更直接的利好背景是,中央对文化建设和文化产业非常重视。有文化产业,就有文化金融。2020年9月17日,习近平总书记在湖南长沙考察调研时指出:"谋划'十四五'时期发展,要高度重视发展文化产业。"2020年9月23日,在教育文化卫生体育领域专家代表座谈会上的讲话中,习近平总书记又强调,在"十四五"时期,我们要把文化建设放在全局工作的突出位置,要"繁荣发展文化事业和文化产业,不断提高国家文化软实力,增强中华文化影响力,发挥文化引领风尚、教育人民、服务社会、推动发展的作用"。这给文化产业界注入了强大的精神动力，提振了高质量发展文化产业的信心。

2."以国内大循环为主体"不是走封闭的老路

如果评选2020年的五大经济关键词，"双循环"肯定会入选。2020年5月14日，中央政治局常委会会议指出：要深化供给侧结构性改革，充分发挥我国超大规模市场优势和内需潜力，构建国内国际双循环相互促进的新发展格局。2020年5月23日，习近平总书记在全国政协十三届三次会议经济界委员联组会看望政协委员时再次指出：面向未来我们要把满足国内需求作为发展的出发点和落脚点，加快构建完整的内需体系，逐步形成以国内大循环为主体、国内国际双循环相互促进的新发展格局，培育新形势下我国参与国际合作和竞争新优势。

这一战略的提出已经成为指导我国当前经济发展的重要依据，社会各界也都在积极学习理解这一战略的精神和含义。前面提到，"双循环"也是当前文化产业发展必须重视的一个大背景，这是经济范畴的，与文化产业和文化金融关系最为密切、最为直接。"双循环"是在新冠肺炎疫情暴发形势下提出的，但不能简单认为"双循环"只是为了应对疫情。从经济学上理解"双循环"，就会发现对任何一个不是完全封闭的经济体来说，双循环一直都在。只不过，对我国来说，在新形势下国内循环和国际循环的内涵要变，我们需要一个新的更高质量的"双循环"。

首先要正确理解"内循环",也就是"国内大循环"。改革开放以来,以"两头在外"为特征的"参与国际大循环"已经发挥了其应有的作用,40年来,我国已经成为世界第二大经济体,原来的循环模式已经不再适合发展需要。我们已经到了需要以国内大循环为主体的阶段,要把满足国内需求作为发展的出发点和落脚点,加快构建完整的内需体系。而新冠肺炎疫情及其形成的国际经济趋势变化,促使我们加快重新审视内循环的内涵和重要性,是促成"双循环"新发展格局政策出台的催化剂而已。我们要关注文化消费和国内大循环的关系,文化消费的增长空间还很大,现在有关部门正在力图使之成为内需拼图的重要板块。但也需要注意,从长期来看,文化消费的提振还不是刺激政策的问题。如果居民对未来的健康、教育、居住等问题没有足够的安全感,大部分财富增长都不会转化为文化消费。

其次是要特别注意"培育参与国际合作和竞争新优势"。以"国内大循环为主体"的双循环,不是要放弃外循环,更不是要走闭关锁国的老路。如果把眼光只盯住内循环,放弃外循环,很容易层层传导,最终形成封闭的经济格局。国内国际双循环要互相促进,国内大循环是发展的出发点和落脚点,但最终还是要积极参与国际合作与竞争。我们可以这样看,当前紧张的国际政治经济趋势以及由新冠肺炎疫情被迫形成的相对封闭的环境,也不啻为一个机会,我们可以安下心来练好内功,但需要时刻把练内功放在"更好地培育我国参与国际合作和竞争新优势"这个格局下进行。

3. 新形势下文化金融发展应侧重提升五种能力

在"双循环"新发展格局下，发展文化金融要适应时势，有所侧重，积极作为。发展文化金融，需提升五种能力，以制度供给营造环境并扩大资本供给，练好内功，积极参与改革开放，形成我国参与文化国际合作和产业竞争的新优势。

第一，强化制度供给，加大政策力度，推动文化金融服务变革，提升资本市场供给能力。"十三五"期间，我国文化金融政策已经具备了体系化的雏形，文化金融服务已经实现初步专业化。《文化产业促进法》即将正式实施，其中与文化金融相关的内容基本反映了我国多年来在文化金融政策领域的主要成就，这也为未来"十四五"期间文化金融政策定下了一个基调。"十四五"时期，发展文化金融，还需要进一步丰富文化金融政策体系。顶层设计与实际政策绩效并重，精耕细作，推动我国文化金融服务体系的产品专属化、机构专营化、市场专门化和人员专业化。资产市场改革政策背景下，要充分利用我国资本市场开放"由管道式、单点式开放向制度型、系统性开放转变"的时机，大力鼓励文化产业利用资本市场，推动文化产业股权融资回到正常水平线上。

第二，以"新基建"为契机，文化金融要利用金融科技应用推动场景化革命，提升自身体系化服务和防控风险的能力。2020年1月以来，央行发布多批金融科技监管创新试点名单（业界又称"中国式监管沙盒"），首先在北京，然后在上海、重庆、深圳、河北雄安新区、杭州、苏州等6市（区）扩大金融科技创新监管试点，从发布的试点项目看，大数据、人工智能、区块链、生物识别、云计算等技术类型的数量居于前列。我们需要特别注意金融科技在文化金融领域的应用。在这个领域，一些场景五年前就有了，但落地应用很难，主要原因是市场小、难推广，以后这些场景化的金融科技会进一步清晰。一些新的领域可能应用技术程度更高，如文化企业供应链金融、文化消费金融等。在文化金融体系方面，金融科技不仅创新了产品，而且正在构建新的文化金融基础设施。例如，通过金融科技，可以完善原有的文化企业信用管理体系和文化资产评估体系，提高风险防控能力，比起产品创新，这个更重要。这个领域需要特别注意文化数据资产评估与管理体系问题。

第三，以国内大循环为主体，文化金融要提升服务刺激内需和文化消费的能力。随着GDP总量的增长和财富的增长，文化消费的增长也是必然的，但增长空间有多大，一直有不同的算法。所谓内循环为主，在文化产业来说就是满足文化内需和刺激文化消费，这在短期内是有效的，能够对经济增长形成支撑。我国文化消费一直都是需要补足的文化产业大循环的短板。2016年起，相关部门开始推动"国家文化消费试点城市"建设，2019年8月印发的《国务院办公厅关于进一步激发文化和旅游消费潜力的意见》中，又提出要推出一批"国家文化和旅游消费试点城市"和"国家文化和旅游消费示范城市"，这项工作即将实施，在新的"双循环"背景下，文化金融要和这一工作相结合。发展文化金融，需要重点关注一些文化消费平台，围绕信息消费、娱乐休闲消费、艺术品消费、旅游观光消费等消费形态大力发展消费金融。未来以3C数字产品消费为主的综合消费信贷将有较大市场,这可以作为文化消费金融的一个类型,但主要还是要直接针对消费场景进行金融创新,例如根据艺术品消费进行的金融创新。

第四,以调结构、促发展为目标,文化金融要提升服务区域经济发展的能力。以往的文化金融还比较边缘化,与总体经济发展关系不大。但当前看,无论从文化产业的重要性看,还是金融的重要性看,发展文化金融,都要进一步融入区域经济和城市经济发展蓝图,而不是孤立地自娱自乐。有关部门正在推动"国家文化与金融合作示范区"创建,这个示范区的一个侧面,就反映出文化金融的区域经济角色正在发生变化。在示范区基础上进一步强化文化金融的服务功能,将文化金融纳入国家层面的区域金融改革试点工作当中,从而推动文化金融融合发展示范城市建设,是可行的路线。同时,发展区域性文化金融,还要进一步结合国家战略,既要在文化产业促进新型城镇化及乡村振兴战略中发挥作用,还要在文化产业促进区域协调发展战略中发挥作用。

第五,结合改革开放战略和"一带一路"愿景,为保障形成我国参与文化国际合作和产业竞争新优势,文化金融要提升服务文化产业国际合作和文化贸易的能力。大疫之下,影视、创意设计服务、艺术品、会展、文旅等行业的中外文化产业合作模式都已经发生变化,原有的联合创作、生产、开发、营销等要么中止,要么向数字平台转移,以国际合作为主线的文化产业链面临前所未有的重构。面对这种形势,金融机构应该继续支持文化企业,就新的国际合作模式提供新的解决方案。在文化贸易金融方面，跨境文化电商等贸易方式数字化的趋势加快，惯常围绕文化贸易链提供的贸易融资、信用担保、财务管理等服务，也需要在新形势下有所变化，为数字化贸易提供更多便利。

需要关注的还有如何在自贸区框架下利用文化金融，这个领域不仅有如何支持一般文化产品贸易的问题，还有支持艺术品交易的问题。自2013年建立上海自贸试验区以来，我国目前已经有21个自贸区，其中上海、广东、重庆、河南等自贸区已经设有艺术品保税仓。艺术品金融是文化金融的重要组成部分，应积极利用自贸区政策优势，积极利用金融手段服务艺术品交易。同时要与财税政策相结合，推动调整相关关税制度，改革艺术品交易管理和服务模式。当前世界经济局势下，如果能够利用好这个窗口期，化危为机，积极创新，大胆实践，我国境内应该出现真正的世界艺术品交易中心。

第三部分

基业长青：体系构建中的文化金融

工具、机构、市场，债权、股权、风险保障

文化金融服务需工匠精神

资产、信用、规则

精雕细琢基础设施，方能构建完善体系

新金融服务新经济

新时代文化金融正迈向基业长青

第五章
文化金融工具、机构与市场

文化企业要认识和用好金融工具和资本市场[①]

文化金融不是金融机构单方面的事,文化企业不能只是做被动接受服务的一方。文化企业要利用文化金融发展壮大,就需要提升金融能力,以及主动认识和了解金融工具、机构和市场,积极利用好金融工具和资本市场。下面介绍的是与文化金融关系密切的一些基本概念和知识。

1. 认识金融工具、机构和市场

所谓文化金融工具,广义上既包括根据文化产业和文化企业的特点设计的特殊的创新性工具,也可以包括传统金融工具在文

---

① 本文由作者以"子枫"署名原载于《中国文化报》,2018年12月29日。原标题为《文化金融:用好金融工具 找好股权投资》。内容有调整。

化产业的应用。金融工具使一个企业形成金融资产的同时,使另外一个企业形成金融负债或权益工具,金融工具和金融资产、金融负债,在表象上都是一种合约。从金融机构角度而言,围绕金融工具可以设计多种金融产品。

认识文化金融工具,还要了解我国金融机构的基本情况。我国的金融机构除了金融监管部门以外,主要分为银行业、证券业、保险业、交易结算类等。银行业金融机构分为存款类和非存款类,前者如银行、财务公司,后者如信托机构、融资租赁公司、金融资产管理公司等。证券业金融机构除证券公司外,还包括基金公司等。保险业除保险公司、保险经纪公司外,还有保险资产管理公司,主要负责在投资领域的保险资金运用。

总体而言,金融工具可分为债权类、股权类和风险管理类三种,金融工具和相应的金融机构共同组成金融市场,而文化金融工具和市场也可以分为这三种类型。债权类主要包括信贷市场和债券市场,信贷和债券也是基本的债权工具。股权类主要包括股票市场和股权投资市场。以证券交易所为中心形成的股票市场是二级市场,二级市场以外是一级市场,私募股权投资基金是一级市场的主要力量。文化金融市场的风险管理职能主要由保险公司和担保机构承担。国外运用保险手段管理文化产业风险较常见,以知识产权保险为例,分为两类:一是侵权保险,二是执行保险。

2. 了解基于文化产业特性的创新工具

文化金融服务于文化产业，需要根据文化产业、文化企业和文化产品的特点设计产品和服务模式。总的看来，当下金融机构基于文化产业特点进行创新的主要方向是：金融工具创新、组织和机构创新、文化企业特别征信、实行利率优惠、调整风险容忍度、风险补偿机制设计等。

文化企业的重要特点是以无形资产为主要资产类型，无形资产占比较高，因而围绕无形资产进行的工具或产品创新受到更多关注，如版权质押贷款和商标权质押。还有一些证券化产品以收益权为基础设计，如以应收账款、门票收入、电影票未来收益权为基础设计金融产品。

文化产业信托主要是指服务于文化产业本身的信托融资，但现在较有特色的是以版权作为信托财产。虽然将版权作为信托财产较难，但随着版权经济的发展，仍有发展前景。拥有较好版权但缺乏经验的版权方，可以寻找信托公司，由对方打理、盘活版权。

在融资租赁领域，对文化产业的特色化而言，是用版权、商标权做融资租赁标的——如可以将自己的商标权先出售给担保公司变现，然后该担保公司回租供其使用，即"售后回租"，这样企业既有现金流，商标也仍然可以使用。企业需要每年向该担保公司还款，还完之后重获商标权，但其中最大的难题在于对无形资产的价值评估，在业界仍然没有统一标准。

3. 文化企业要学会利用股权投资市场

现代金融正由以货币金融为中心向以资本金融为中心发展，因此，在文化金融领域需要更多关注股权工具和股权资本市场。从多层次市场来看，我国已形成了证券交易所的主板、二板、新三板和区域性股权交易中心（四板）等多个层次。目前国家层面对包括股权众筹市场在内的互联网金融的整顿治理还没有收官，今后股权众筹市场有望以互联网线上资本交易市场形式作为"五板市场"。

我国股权投资市场由证券公司（投行）、私募股权基金、信托公司、资管公司等很多专业性机构参与，其中私募股权基金是最活跃的投资力量。在我国10多万亿元规模的私募股权基金中，约有8 000亿元左右规模的基金与文化产业相关。

推动文化金融合作，既需要金融机构了解文化产业，也需要文化企业了解金融和资本市场。对文化企业而言，寻找私募股权投资需要注意基金在投资中的意向、尽职调查、签订协议、投后管理和退出等环节中的一些常规手段和方式。需要尽可能避免出现被尽调时就被"一票否决"的情况。在签订协议阶段需要注意限制性条款、保证条款等一些约束性较强的约定。

第三部分 基业长青：体系构建中的文化金融

天赐之机下的"冰火之恋"——关于资管与新文化经济①

在"新标准、新机制、新路径——十三五期间保险资产管理和新文化经济发展"研讨会上，国家新闻出版广电总局、国家旅游局等政府部门领导、中国保险资产管理业协会领导及会员单位领导、中国文化金融50人论坛的文化经济界专家进行了有效而专业的对话和交流，取得了良好的效果。结合研讨内容，这里谈几点这方面的体会。

第一，服务实体经济和国家重大战略的背景下，资产管理与文化经济发展之间的关系更加紧密。十几年来，我国的资产管理业得到了迅猛发展，截至2015年年末，金融系统内资金中一般性存款为104万亿元，而资产管理资金余额为74万亿元。2015年，保险资产规模达到12万亿元（其中保险投资9.09万亿元），据中国保险资产管理业协会副会长兼秘书长曹德云介绍，2016年，保险资产规模将超过15万亿元，2017年有望达到18万亿元，庞大的规模和内在需求要求保险资产配置更加多元化，文化及相关产

---

① 本文由作者2017年3月1日，在中国保险资产管理业协会和中国文化金融50人论坛合作主办的"新标准、新机制、新路径——十三五期间保险资产管理和新文化经济发展"研讨会的会议发言整理，原发表于"文化产业评论"公众号，2017年3月3日，原标题为《关于资产管理与新文化经济的几点体会》，内容有调整。

业是保险资金配置的领域之一。

我们将关注范畴从"文化及相关产业"扩大为"新文化经济",这不仅能反映当前文化领域各产业融合的趋势,而且能反映文化产业与国民经济的密切关系,也更适合资产管理业的逐次深度介入。这个范畴包括文化产业、旅游、体育及其他与文化相关的产业,产业增加值 GDP 占比合计约为 10%,这样大的产业规模值得资管行业重视。根据我们的行业对比研究,银行业务和各类非银机构投融资业务的规模与这个规模是非常不匹配的,存在的巨大缺口也预示了巨大的潜力。

保监会领导在近期的一次讲话中指出,要推动保险业更好地服务社会经济发展:一方面发挥风险保障核心功能,另一方面是更好发挥保险资金的长期投资优势,这两个方面都包含了要"服务实体经济和国家重大战略"的内容。文化及相关产业也是实体经济的一部分,国家软实力提升也是重大国家战略,因此,资管业如何服务于文化经济建设也应是题中之义。

由于资金使用过程中层层设计的债权或股权机制,以往很多资管机构无须更多了解实体经济中具体的资金使用者的实际利益诉求,在资管机构自身、投资方和资金使用者三方关系结构中,资金使用者往往缺乏话语权。

第二,资产管理规范化周期引导大资管时代新方向,资管服务文化经济建设需要创新精神。当前,由于资产管理规范化和大资管时代趋势,资管业在文化经济领域的探索又遇到新的命题。资管业"野蛮增长""脱实向虚"等现象引起监管层关注,资产管理势必要进入规范化周期。近日银监会郭树清主席指出,"由于监管主体不一样,法律规章也不一样,有关的规定也不一样,确实出现了一些混乱,导致了一部分资金所谓的脱实向虚,我们正在研究一个共同的监管办法"。据媒体报道,《关于规范金融机构资产管理业务的指导意见(征求意见稿)》已经出台,文件的核心内容包括打破刚性兑付,限定杠杆倍数,消除多层嵌套,强化资本约束和风险准备金计提要求等。

在规范化的背景下,大资管趋势将呈现新的特征,大浪淘沙之下,规范的资管机构将有更旺盛的创新需求。当前,固收类资产是资管业的首选,稳健的保险资管业更将安全性放在第一位,但固收类总体有下降趋势;权益类受环境影响波动较大,但总体上呈上升趋势。据资管业专家介绍,权益类上限为30%。目前约15%,事实上还有很大空间。在大资管背景下,设立或参与股权投资基金、创业投资基金、夹层基金、并购基金等,积极推动资管第三方业务,使资管和文化经济中各类产业和企业与资管之间距离越来越近,业务创新的可能也大大增加。根据《保险资金运用管理暂行办法》,保险资金的投资领域是有一定限制的,具体如何与文化及相关产业结合还需要继续探索。

第三,新标准、新机制、新路径的探索任重道远,需要资管业和文化经济界共同努力。本次研讨会的目标是"新标准、新机制、新路径",即希望在未来"十三五"时期内建设现代保险强国的背景下,积极探索构建一套不同于其他实体经济服务模式的新标准、新机制,积极探索资管服务于文化经济建设的新路径。

在不同资产类型之间进行组合的资产配置是重要的资管策略，但在不同产业形态之间进行组合还需要深入产业端和创新型资管才有可能实现。目前一些新路径正在被探索。专家提出在微观上可以发挥社会组织优势进行优质项目的对接，同时就文化经济领域进行分业专项研讨。内容产业特点鲜明，但风险也较高，需要探索创新资管方案。当下新文化经济背景下，一些非典型文化类行业已经受到重视，这是个良好的切入点。根据资管行业当前已经介入的行业分析，旅游、体育、传媒和教育等行业更受重视，文化类PPP对固收和权益类资管来说都有很大吸引力。

就资管和文化经济两者而言，是资本的供给和需求两端的关系，虽有天赐之机，却是"冰火之恋"。根据观察，保险资管业很多有实力的机构对文化经济领域都表现了极大的兴趣，但鉴于这一领域的风险又保持着最大的谨慎。如果问到资管机构是否有在文化产业中资金使用案例，很多机构都说有或应该有，但没有专门梳理过。由于双方的信息不对称，沟通成本也比较高，资管业对文化经济领域的探索处于时断时续的状态。文化经济领域对文化金融的研究和实践也处于初始阶段，文化经济领域尤其是文化产业领域还缺乏产业精神，僵化保守思维严重，学习能力有待提高，不利于与资本市场的对接。同时，正如资管投研人员还较少进行文化经济专门研究一样，文化金融领域也极度缺乏专门的研究和实践人才。

第三部分　基业长青：体系构建中的文化金融

财富管理是艺术品金融的基础性机制[①]

艺术品一直是文化产业金融研究关注的重要领域。艺术品金融是围绕艺术品本身价值展开的，主要是看艺术品本身的资产功能或类金融功能。有人将艺术品金融化作为艺术品金融的主要特征，我认为把艺术品作为一种资产，并不意味着艺术品必然要"金融化"。我们主要还是从金融如何服务于艺术行业发展的角度看艺术品与金融的关系。

将艺术品作为财富管理的重要选项在国际上比较成熟的，也是我国艺术品金融发展的重要发展方向之一，这里谈一点对财富管理和艺术品金融的认识。

第一，财富管理与艺术品的关系，体现在从需求端形成了艺术品市场基础。财富管理作为一种概念、观念或模式引入中国以来，人们对私人财富的认识有了质的变化，就是财富的积累不仅源于劳动，而且源于管理（而不是投机），当然这种管理主要是通过委托金融机构或专业顾问机构的，如私人银行和家族办公室。财富管理以全新模式升华了个人理财并区别于个人理财。

艺术品能够进入企业或私人财富管理计划中，是一种另类投资。现在看，艺术品是一种低流动性的资产，一般配置权重不会

[①] 本文根据金巍在首届国际艺术品财富管理高峰论坛上的演讲整理而成，原发表于中国经济网，2017年12月27日。

太高，但其良好的收益率刺激了需求，这种需求在财富管理层面形成了规模化、标准化需求生成机制，由此形成了市场基础。私人财富管理从需求端反馈了市场信号，对供给端进行了引导。所以，这是一种基础性的机制。

第二，财富管理模式贡献了一个理性的市场基因，有利于艺术品金融的良性发展。财富管理发展历史较长，理论和实践都比较丰富，发达国家将艺术品纳入财富管理的历史也很久远。没有理性的、相对标准化的管理体系，是难以抵御投资风险的。金融机构提供的财富管理服务，如私人银行服务，也是基于一套严谨的逻辑进行运维的，是基于金融专家、艺术品专家和客户多方智慧的，这对提高收益、化解风险提供了很高的保障性。

在我国，艺术品作为财富管理内容的历史还不长。以往非理性投资充斥了整个市场，艺术品市场如何转型一直是个难题。政府有政府该做的，市场有市场该做的。艺术品财富管理不仅是市场行为，而且是一种相对理性的市场行为，这对整体艺术品市场已经开始产生影响，并且必将推动一个理性的、规范的艺术品市场的形成。

第三，财富管理模式顺应了我国文化和经济发展形势，丰富了正在转型中的金融市场。我国经济发展水平已经在发展中国家中处于遥遥领先的地位，也开始进入中等收入水平国家行列，居民的可支配收入逐年增加，家庭财富积累已经达到非常可观的程度，这直接促成了高净值人口的快速增长。同时，人们的审美和艺术鉴赏水平也在逐渐提高。艺术品财富管理将艺术品的文化属性与经济属性极好地结合在了一起,其发展具有前景是有逻辑基础的。据相关报告,2016年我国艺术品财富管理规模超过400亿元,相信这个市场的规模未来会有高速增长。

我国的金融市场也在转型当中,监管和创新并重,这对私人财富管理也有很大影响。但总体上,投资多元化永远都是一种良好的趋势,中国人需要一个丰富的菜单,而不是只能做单项选择题。我们正在向发达国家学习如何将艺术品作为财富管理的内容,在财富管理视角下,艺术品作为一种投资品,既有利于文化金融市场的发展,也有利于整体金融市场的发展。

在艺术品财富管理变革中,需要特别关注金融科技的发展,尤其是智能投顾的发展。智能投顾是一种基于人工智能技术的费效比很高的投顾模式,据A.T. Kearney报告,美国的智能投顾行业资产管理规模在2020年达到2.2万亿美元,而2016年是3 000亿美元。我国的智能投顾行业虽然刚刚兴起,但这对我国艺术品财富管理可能会产生颠覆性影响。不仅是模式的变化,服务的人群和参与服务的机构都会根本性改变。

很多外国专家都认为中国市场可能是艺术品金融当前最好的市场机会,都看好中国的艺术品财富管理市场。当然,基于我国经济持续稳定的发展前景,我们对中国的艺术品金融市场也是有信心的。

银行服务文化产业的创新路径[①]

我国出台的文化金融相关政策都将银行（尤其是商业银行）作为最重要的力量。这不仅是因为银行在传统金融体系下具有当仁不让的地位，也是因为银行信贷是文化企业相对最为熟悉的融资渠道。多年来，银行不断创新，推动了文化产业通过信贷渠道进行融资，文化产业信贷市场贷款规模也在不断扩张[②]。虽然近年来文化产业贷款余额的增量呈现不断下降趋势，但银行仍是文化金融服务的主力军。

在新的国内经济形势和国际竞争环境下，我国的文化产业发展充满挑战，需要进一步鼓励文化金融创新来保生存、促发展。银行服务文化产业仍是文化金融创新最重要的领域，在创新路径上，主要有信贷产品创新、信贷业务流程与机制创新、综合服务创新和组织创新等四个方面。

[①] 本文原载于"文化金融观察"公众号，2020年6月23日。
[②] 根据中国银行业协会发布的《银行业支持文化产业发展报告（2018）》，2013年以来，包括政策性银行、大型商业银行、邮储银行和股份制商业银行在内的21家主要银行文化产业贷款余额平均增长率为16.67%，截至2017年末，21家主要银行文化产业贷款余额达7 260.12亿元。

1. 信贷产品创新

在政策要求和鼓励下，很多银行都开展了文化产业信贷产品创新工作。2018年在中国银行业协会调研的111家银行中，45家银行开发了文化产业信贷创新产品，占比为40.54%。45家银行发行的76款文化信贷创新产品的主要种类有：文创贷、影视贷、文化贷、大师贷、知识产权质押贷款、版权质押贷款、商标权质押贷款、艺术品质押贷款、股权质押贷款等[①]，较为典型的银行有中国工商银行、中国银行、北京银行、杭州银行、华夏银行、南京银行、青岛银行等。也有由政府主管部门组织牵头设计、合作银行联合推出的特色信贷产品，如江西省2020年推出的"文企贷"。（部分特色文化信贷产品具体见表5.1）。

表5.1 部分特色文化信贷产品

银行名称	产品名称
中国银行浙江分行	影视通宝
中国银行江西分行	文化企业并购贷款
中国建设银行湖南分行	版权质押贷款；电影制作权、著作权、版权等无形资产质押贷款；仓单质押、应收账款质押、文化企业联保贷款模式等
中国工商银行	影视通、版权质押贷款；贷款+基金直投
北京银行	创意贷、创业贷、文创信保贷、文创普惠贷、软件贷、智权贷等
杭州银行	夹层贷款、"游戏工厂模式"等

---

① 中国银行业协会，《银行业支持文化产业发展报告（2018）》。

续表

银行名称	产品名称
青岛银行	影视演艺贷、文化旅游贷、创意版权贷、文创小镇（园区）贷、"一带一路"文化贸易贷
华夏银行	文创贷
南京银行	"鑫动文化"：演艺贷、出版贷、影视贷、动漫贷、广告贷、设计贷、文教贷、旅游贷
成都银行	文创通
交通银行江苏省分行	文化征信贷
中国建设银行深圳中心支行	文创商会贷
中国农业银行北京分行	影视动漫贷款
江西省"文企贷"合作银行	文企贷

银行作为文化金融服务最重要的供给方，还需在文化产业信贷产品创新深度挖潜，提高产品的质量和市场渗透率。

第一，以文化资产为基础设计产品，激活文化企业资源。信贷和担保是分不开的，以文化资产为担保的担保贷款是文化产业信贷产品中最具文化金融特点的贷款方式。如：版权质押贷款、商标权质押贷款、艺术品质押贷款等。版权质押贷款是知识产权质押贷款的组成部分，是我国政府大力鼓励和支持的融资模式[①]。

---

① 2012年国家知识产权局、发展改革委等部委印发的《关于加快培育和发展知识产权服务业的指导意见》；2013年中国银监会会同国家知识产权局、工商总局、国家版权局联合印发的《关于商业银行知识产权质押贷款业务的指导意见》（银监发〔2013〕6号）；2019年8月中国银保监会联合国家知识产权局、国家版权局发布了《关于进一步加强知识产权质押融资工作的通知》（银保监发〔2019〕34号）等。

但在实践中,版权质押往往不能独立使用,要与其他抵押方式结合在一起进行增信。这需要银行在设计产品时进一步优化资产评估评级体系和标准。

第二,以文化企业信用为基础,扩大信贷服务范围。结合文化企业信用情况设计的产品或服务方案,一般无须抵押和担保,只适用于特定的文化企业主体,很多大型文化企业有一定额度的银行授信。也有以文化企业主要创作人为信用评估主体设计的信用贷款产品。由于文化企业较少拥有传统意义的担保物,扩大依靠信用的信用贷款比例应是文化产业信贷服务的重要发展方向。很多银行结合政府、行业或园区特定战略需要提供授信或专门服务,如2017年12月北京银行与北京市东城区政府签署战略合作协议,承诺为东城区的"国家文化与金融合作示范区"建设提供不少于100亿元的意向性授信。这种政银合作的方式,也需要以信用贷款产品设计和创新为基础。

第三,以收益权、所有权为基础设计产品,深入文化企业产业链和供应链。相关权益经过设计可以实现融资功能,如文化企业特许经营权的收益权、应收款质押融资、仓单质押融资;旅游景区、主题公园的门票等收费权质押融资等。其中部分涉及供应链金融服务,这是银行为文化企业提供服务需要扩展和重点创新的方向。

2.信贷业务流程与机制创新

文化产业属于新经济领域,服务新经济需要新的制度安排,需要在业务流程和服务机制上进行创新。近年来，很多银行在这个方面有所探索，并且提高了服务文化产业的效率，如杭州银行的"五项单独"政策（单独的客户准入机制、单独的授信审批机制、单独的风险容忍政策、单独的业务协同政策和单独的薪酬考核政策），北京银行的"四专四单"，南京银行文化信贷五个"专"工程等。在新经济的需求视角上，需要进一步优化业务流程，在多个环节挖掘创新的可能性。

第一，实施差异化客户准入和信用评级。事实上很多银行还对文化类企业具有一定的偏见。在贷款客户准入上，除了基本的准入条件以外，金融机构不但不应对文化企业再设置歧视性条件和标准，反而应根据文化企业特点进行相应的倾斜。对文化企业进行的信用分析与评价（包括银行内部评级和外部评级）决定了信贷最终能否成立。银行应充分考虑文化企业的特点，确定文化企业信用的内部评级要素、设计内部评级指标体系、评级模型以及计分标准。银行还可以利用大数据、区块链等金融科技建立新的文化企业信用评价体系。

第二，设置灵活的贷款利率、期限和差异化不良贷款容忍度。银行基于客户信用、产业政策等确定贷款利率，对文化企业也是如此。银行可根据不同文化企业的实际情况，建立符合监管要求的灵活的差别化定价机制；针对部分文化产业项目周期特点和风险特征，可根据项目周期的资金需求和现金流分布状况，科学合理确定贷款期限。同时，还应对文化产业设置差异化不良贷款容忍度。中国银行业协会2018年发布的调查数据显示，在文化产业信贷创新产品中,加权不良贷款率为0.32%,远远低于银行业同期1.74%的不良贷款率。因此,事实上当前文化产业信贷的不良率并不高,还有较大的调整空间。

第三,根据文化产业特点创新机制,降低贷款风险。由于文化企业的确存在高风险特征,创新贷款风险补偿机制鼓励银行扶持文化产业是比较有效的方式①。除了一般的风险防范措施,银行还可以根据文化信贷的特点进行风险防范,如在艺术品质押贷款中通过产业链合作解决艺术品变现问题。

第四,创新业务流程,提高信贷效率。对文化企业来说,"融资慢"一直就是一个大问题。北京银行创新了一种"文创信贷工厂"模式,用以缩短时间和提高审批效率,这是文化金融服务的有益探索。很多银行宣称能够为文化企业提供"绿色通道",但实际上很多"绿色通道"只是一个形式上的专门流程,并不能提高工作效率,这需要管理者特别加以关注。

第五,在信贷资源配置上对文化产业予以倾斜。银行在信贷资金的投放方向有一定的配置原则,会在不同产业、不同区域等方面有不同比例的计划。当前,文化产业正在成为国民经济体系的支柱性产业,服务文化实体经济应成为银行的重要任务之一。因此,在服务实体经济的金融工作要求下,应在考虑效率的同时,

---

① 这种方式的基本内容就是由财政资金(文化产业发展风险补偿专项资金等)对银行业金融机构因文化企业不良贷款形成的损失给予适当补偿。我国政府在2010年就开始鼓励探索设立文化企业贷款风险补偿基金,合理分散承贷银行的信贷风险。

对具有国家战略意义的文化产业有所倾斜。

3.综合服务创新

除了普通的信贷服务以外，一些银行已经可以根据文化企业的需要提供其他融资服务和附加服务，围绕信贷融资形成综合服务方案，这是未来银行服务文化产业非常重要的创新方向。

第一，结合多样化融资需求提供综合性融资服务。银行作为具有主承销资格的金融机构，可为包括文化企业在内的非金融企业客户在境内银行间市场发行债务融资工具提供代销、包销等服务。文化企业还可以尝试申请结构化融资服务，融资工具包括但不限于股权融资工具、债务融资工具、可转债融资工具等。在股权融资方面，银行也有一定的作为。如中国银行参与设立中国文化产业投资基金，中国建设银行设立建银国际文化产业股权投资基金。目前"投贷联动"虽然还未形成内部联动机制，更多是通过外部联动，但银行间接参与直接投资的趋势是明显的。

第二，结合融资中的关联问题提供附加服务。在信贷融资中，文化企业往往遇到的问题不仅在于银行，相关联的问题也很多。针对影视制作、动漫游戏这些内容产业领域的资产特点，北京银行推出"文化IP通"服务，可在版权评估、登记、维权和交易方面提供附加服务，方案包括IP融资通、投资通、服务通三大系列。这说明，除了融资，银行还能为企业提供更多的附加服务，可以做得更多，保险、担保、保理、理财、信用评级、无形资产评估等，都可以通过银行的协助取得更好的服务,形成良好的业务生态关系。

第三,结合企业的国际化经营需求提供相关金融服务。一些大型文化企业从事跨境业务和国际文化贸易,银行可以为其提供跨界资金池业务、贸易融资业务等服务,这方面比较有代表性的是上海银行。跨境资金池业务适用于跨国文化企业集团,属于企业集团内部的经营性融资活动。贸易融资是基于商品交易中的存货、预付款、应收账款等资产的一种融资方式。在国际贸易中,银行能提供的贸易融资产品包括"福费廷"(Forfaiting,即票据买断)、保理、应收账款质押融资、信保融资、订单融资、货押融资等。

4. 组织创新

无论是产品创新、流程及机制创新还是综合服务创新,都需要一个团队、一群人来执行,所以需要专业的队伍建设,而最好的保障是就要进行组织创新。当前看,专营化是组织创新的必由之路,因为只有较高的专营化程度,才能保障较高专业水准的金融服务。

第一,优化文化金融事业部模式。事业部是指在总行层面成立专门的事业部,整合全行文创金融资源,提高资本配置效率。中国民生银行最早设立文化金融事业部,一度也取得了较大的成绩,树立了行业标杆,不过后来仍被取消,文化金融业务下放到各分行。后来杭州银行组建了科技文创金融事业部,北京银行在总行成立文化金融领导小组和文创金融事业总部,华夏银行成立文创产业中心暨北京文创产业管理部,这些组织创新都一定程度上提高了文化金融专营化的程度。随着文化产业规模的扩大,以及文化和旅游产业的融合发展,以事业部模式专门管理文化金融业务显得更加必要,需要在机制上进一步优化,避免成为一般性协调机构。

第二,推动支行专营化。2013年10月,杭州银行设立了全国首家文创支行,此后光大银行、包商银行、青岛银行、北京银行、华夏银行等纷纷设立类似的支行。随着文旅合一的主管部门变化及文化融合发展形势,一些"文旅支行"相继出现,如中国农业银行杭州文旅支行、重庆银行文旅特色支行等。这些大多数只能说是特色支行,形式是商业银行指定一些基层支行作为文化产业、文旅产业金融服务的重点机构,以服务文化产业和文化企业作为特色业务或重点培育业务,但对其业务和管理上强制要求较少,专营化程度较低。专营支行是较晚出现的一类机构,文创专营支行需要在银行业监管部门进行更名备案,具有一定的约束性,如北京银行设立的北京银行大望路文创支行、雍和文创支行,都属于专营化程度较高的机构。未来,文化产业不仅需要更多的专营支行,还需要推动进一步专营化,扩大专营支行的数量。商业银行可以在原有特色支行的基础上,逐步优化文创产业信贷标准和机制,转为文创专营支行。

第三,推动设立服务文化产业的专业银行。成立服务文化产业的专业银行一直是文化产业界多年推动的事项,只不过一直受阻于环境因素。随着文化产业规模扩大和文旅融合发展趋势明显，十几万亿元的产业规模已经使专门的文化产业银行具备了市场基础，同时设立这类机构本也是符合政策要求的，应创造机会继续推动。2014年《关于深入推进文化金融合作的意见》（文产发〔2014〕14号）早已提出，"在加强监管的前提下，支持具备条件的民间资本依法发起设立中小型银行，为文化产业发展提供专业化的金融服务。"而2015年中国银监会发布了《关于促进民营银行发展的指导意见》，就文化产业而言，设立服务于文化产业的民营银行是有据可循的。近期北京出台的文化金融政策中也提出北京要"推动设立文创银行"。因此，在文化产业高质量发展的要求下，由文化金融和文化产业发达的城市推动，尽快设立服务于文化产业的民营银行，是一条需要突破的创新路线。

文化产业知识产权证券化：能否再现昨日辉煌[①]

近年来，知识产权证券化虽然一直是业界关注的热点，但实际上真正发行的相关产品并不多。文化产业是知识产权尤其是版权资产集中的产业领域，对知识产权证券化也有很大需求。文化产业领域知识产权证券化创新伊始，需要积极了解和分析知识产权证券化尤其是版权证券化的原理和设计要点，要积极面对当前

---

① 本文原载于"深圳文化产权交易所"公众号，2019年10月。原标题为《文化产业知识产权证券化实践、机制和面临的问题》。

资产证券化面临的体系缺陷、技术变革利弊和政策环境变化等现实问题,积极探索,勇于实践,以文化金融创新进一步推动文化生产和文化产业的发展。

1. 知识产权证券化实践:源起及我国的发展

1.1 知识产权证券化发端于文化产业的版权证券化

资产证券化(Securitization)的原理是以具有稳定现金流(但流动性较差)的资产作为基础资产,设计并向投资者发行一种可交易的凭证。这是一种特殊的债券融资方式。所谓可交易的凭证一般为资产支持证券(ABS),除此之外还有资产支持票据(ABN)等形式。在20世纪70年代,抵押贷款首先在美国被证券化。此后证券化形式逐步在全球得到推广。在实践中,能够被证券化的资产主要是贷款等金融资产和实体资产。

文化产业知识产权证券化曾有一个辉煌的"创世纪"。知识产权资产证券化始于20世纪90年代,而且就是发生在文化产业领域,版权证券化是知识产权证券化的开端,其基本流程是:版权拥有者将具有可预期现金收入流量的版权的财产权作为基础资产,通过一定的结构安排将基础资产"真实出售"给一个特殊目的实体(Special Purpose Vehicle,SPV),由后者发行一种可流通的权利凭证,最终达到融资的目的。

1997年,美国出现了第一款知识产权证券化产品——著名的鲍伊债券(Bowie Bond),这个产品以著名的摇滚巨星鲍伊的25

张音乐专辑的未来版权收益作为基础资产私募发行资产支持证券，融资总规模为 5 500 万美元。这被认为是版权证券化的鼻祖，也是知识产权证券化的开山之作。甚至，2008 年全球金融危机爆发之后，一些媒体曾指责鲍伊是"资产证券化泛滥的始作俑者"。鲍伊债券问世后，美国梦工厂电影影片票房 ABS、英国蚕蛹音乐集团音乐版权证券化等也先后推出。1997 年梦工厂以 14 部电影作为基础资产发行资产支持证券，后又在 2000 年、2002 年两次发行证券。在美国的知识产权证券化开端的前几年，版权证券化（音乐版权和电影版权为主）是知识产权证券化的主要形式，占案例数量 80% 和募资规模总量的 60% 以上，2001 年以后，英国、日本等国家也开始推动进行知识产权证券化，专利权证券化、商标权证券化产品也被开发出来。

知识经济或"以知识为基础的经济"（The Knowledge-based Economy）为知识产权证券化提供了极好的经济环境，但知识产权证券化还需要更多的条件，比如完备的信用体系、完善的法治环境。

1.2 我国知识产权证券化正在实施的相关政策与实践

我国的企业资产证券化始于 2005 年，而知识产权证券化则是近两三年开始有所探索。2017 年 11 月国务院印发《国家技术转移体系建设方案》，提出要完善多元化投融资服务，具体措施之一为"开展知识产权证券化融资试点"。此后在党中央、国务院于 2018 年 4 月发布的《关于支持海南全面深化改革开放的指导意见》、2019年8月发布的《关于支持深圳建设中国特色社会主义先行示范区的意见》等战略文件中都有鼓励进行知识产权证券化创新和试点的要求。2019年6月17日,国务院知识产权战略实施工作部际联席会议办公室印发《2019年深入实施国家知识产权战略加快建设知识产权强国推进计划》,明确鼓励海南自由贸易试验区和雄安新区探索和开展知识产权证券化融资。

在文化金融领域,我国各级政府历年出台的文化金融政策当中多数都有鼓励资产证券化的内容,其中包含文化信贷资产证券化、票房证券化、影视院线资产支持票据、文化产业园区资产证券化等。在2010年中宣部、中国人民银行、财政部等九部委联合印发的《关于金融支持文化产业振兴和发展繁荣的指导意见》中,要求"对于运作比较成熟、未来现金流比较稳定的文化产业项目,可以以优质文化资产的未来现金流、收益权等为基础,探索开展文化产业项目的资产证券化试点"。虽然还没有文化金融政策专门涉及文化企业的知识产权证券化,但在鼓励知识产权证券化的大背景下,在文化产业领域推行创新知识产权证券化,应是题中之义。

我国知识产权证券化实践虽然举步维艰,但已经有很好的开端。在政策鼓励下,海南、深圳、广州、北京等地正在进行一些创新,也有一些知识产权证券化产品推出。主要有:2018年3月12日,"文科租赁三期资产支持证券"于中证机构间私募报所系统成功发行;2018年12月21日,"奇艺世纪知识产权供应链金融资产支持专项计划"于在上海证券交易所成功发行,发行规模为 4.7 亿元；2019 年 3 月 28 日，在深圳证券交易所发行的"第一创业—文科租赁一期资产支持专项计划"在深圳证券交易所成功发行；2019 年 9 月 11 日，广州开发区"兴业圆融—广州开发区专利许可资产支持计划"在深圳证券交易所发行，发行规模为 3.01 亿元，债项评级达 AAA 级。

我国知识经济发展已近 20 年，而知识产权证券化产品目前只有寥寥数个案例，实在有些滞后了，所以仍需要各方共同努力，尽快在这个领域有较大的突破。以上的实践案例中，有三个案例与文化产业及版权有直接的关系，其中两个是由融资租赁公司发起而不是文化企业发起。

2. 机制设计：应注意的四个方面

在知识产权资产证券化机制设计中，需要重点关注的方面包括：基础资产、交易结构、信用增级与破产隔离问题。

2.1 慎重选择基础资产与资产池的设计

文化企业发行知识产权资产证券化时，需要慎重选择基础资产。一般来说，可以将基础资产分为收益权类、债权类和权益类，还有衍生的信托收益权资产。按照基础资产所依赖的知识产权类型，文化产业知识产权证券化依次应为：版权、商标权和专利权。其中最具代表性的是版权证券化，属于典型的文化产业资产证券化。另外与知识产权相关的是文化数据资产（数字资产），其在互联网文化消费和付费经济发展趋势下已逐步展现了稳定的现金流能力。

文化企业的主要特点是文化资产和无形资产占比较高。文化资产是具有经济价值并能够进行价值计量的文化资源，无形资产是能够带来经济收益的非实物形态资产，两者之间的交集是版权（著作权）。相较于专利权，版权流转率更高，授权方式丰富，所以更适合资产证券化，但版权的权利结构更加复杂，在以版权为基础或与版权相关的设计中需要考虑法律、经济、经营等各方面因素。

在基础资产设计中，一是要考虑的关键点是现金流是否稳定、是否真实，如版权资产的现金流需要在版权的授权、租赁、销售等交易中体现出来；二是这一资产的收益能够相对客观地进行评估，这时最好能够使用市场法进行评估；三是这种资产的风险是否可控。根据中国证监会相关规定："资产证券化产品需要依据穿透原则对应和锁定底层资产的现金流来源，同时现金流应当具备风险分散的特征。无底层现金流锁定作为还款来源的单笔或少笔信托受益权不得作为基础资产。"需要特别注意的是，我国实行"资产证券化基础资产负面清单"管理制度。

为了尽可能保持以上因素的可控性，一般要进行资产池设计，将不同的版权产品放进资产池，如一个电影版权票房资产支持证券中可含有数个甚至数十个电影版权产品。根据国际经验，资产池中的资产收益一般来源于现实的既有电影产品，但也有以未来电影产品作为基础资产的案例。根据我国目前的商业和信用环境状况，将版权相关收益设计为债权资产，或与其他知识产权（如专利权）"混搭"在一起放入资产池的资产证券化更容易得到认可。然而，资产池中的资产性质不具有同一性，对资产评估和现金流预测可能造成较大的困难。

2.2 合理合规设计交易结构和相关主体

按照监管部门的不同，我国的资产证券化可以分为三类，其中企业资产证券化监管机构是中国证监会，发起人一般是工商企业。文化企业发行ABS需要通过中国证监会，发行ABN需要通过银行间交易商协会。

知识产权证券化与一般的企业资产证券化交易结构大同小异，其主体主要包括：发起人（原始权益人）、原始债务人、发行人/特殊目的实体（SPV）、投资人、托管银行、证券承销商、信用增级机构、信用评级机构以及登记结算、交易场所等基础服务机构（见图5.1）。在我国的资产证券化实践中，还有管理人角色，一般为证券公司、基金公司及子公司。

需要注意的有三个方面：一是SPV与发起人一般要形成基础资产的权益转让关系，而不是其他法律关系。SPV有信托型、公司型等形式，我国证监会要求SPV为"资产支持专项计划"，但也可以其他实体作为SPV。二是除了SPV，还需要特别注意中介机构的选择，如律师事务所、会计师事务所、信用评级机构等，这些机构应对文化企业特点尤其对知识产权相对熟悉并有经验。三是版权相关收益权等形成的资产比其他资产更需要后期的经营，以保证投资人的收益,所以在主体上对资产的实际运营者和参与者需要进行更多考察,如在电影版权资产证券化中,需要对发行公司、营销策划宣发机构等主体都有明确的支撑。

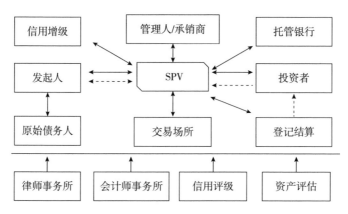

图 5.1　企业资产证券化一般交易结构

2.3 合理使用内外部信用增级手段

理论上基础资产转让给 SPV 后,基础资产就不再依赖发起人的主体信用,而需要自身建立信用,所谓信用增级就是为已经设计好的基础资产积累信用,形成真正的资产信用。一般来说,信用增级分为内部增信和外部增信。内部增信机制包括优先/次级分层设计、超额现金流覆盖(现金流预期大于需要支付给投资者的本息)和支付保证金等。优先/次级分层(或加次优级)是资产证券化设计最常用的内部增信手段。优先级由外部投资人认购并优先向投资人分配收益,而次级由发起人(原始权益人)认购,最后受偿。外部增信主要是通过第三方的信用担保、资产抵质押、差额支付承诺等。差额支付承诺是一种保证,当基础资产(资金池）中的部分债权到期后，如果现金流的回款不足以偿付本息，则由第三方差额支付义务人负责支付差额。

资产证券化的信用增级（或信用增进）是风险管理手段，决定了发行人能否获得更好的信用评级并最终成功发行ABS。文化企业本身就先天性缺乏信用条件，在已经剥离的特定资产上如何进行增信，也不具备优势，这需要作为发起人的文化企业和作为管理人的证券公司等在发行ABS产品时充分结合文化企业的资产特点、经营特点和财务特点，选择适当的增信手段。在推动文化产业知识产权证券化中，可通过政府性融资担保等渠道给予文化企业的资产证券化产品更多的增信。

2.4 注意"真实出售"与破产隔离机制的实质性

资产证券化很重要的一个特点是形成了破产隔离机制。发起人将基础资产"真实出售"给SPV，从法律意义上已经剥离了资产，即便是发起人有破产风险，也不会将该资产纳入破产清算范围，因而也不会影响到该证券的持有者的利益。这是一项保护投资者权益的机制，同时对于发起人也有益处。不同于一般的企业债券，发起资产证券化是基于特定资产的，使用的是资产信用而不是企业信用，所以在机制上资产证券不是一般的债务，通过破产隔离分离了债务风险，能够优化企业负债结构。

在实践中，需要认识到真正实现破产隔离的正负两方面的作用，一些没有实现破产隔离的产品设计也被市场认可。在文化产业，由于风险的不确定性更高，对是否真正实现破产隔离机制，有待与相关主体共同沟通并形成共识。其中需要关注的要点应包括："SPV的选择和设计、"真实出售"转让价格的公允、转让协议的法律关系确定、是否采用信托模式等。

3. 需要面对的三个现实问题：体系缺陷、技术变革和政策监管

3.1 体系缺陷：中小企业利用资产证券化工具是不是伪命题

很多人认为，资产证券化产品只适合大型企业，以资产证券化解决中小企业融资问题甚至就是个伪命题。在文化产业，绝大多数为中小文化企业，既没有什么重资产，也没有外部增信措施，看起来更是没什么机会发行知识产权资产证券化产品。似乎只有一些大型国有文化企业在这方面可以有所作为。与中小科技企业一样，中小文化企业与知识产权资产证券化的唯一契合性似乎只是因为：中小文化企业只有一些知识产权还可资利用，而没有其他资产。但这不足以成为必须推广中小企业知识产权资产证券化的理由。

我认为，虽然不是所有融资工具都适用中小企业，但以资产证券化扩展文化产业中小企业融资渠道仍是一种不错的选项，只不过，这需要具备一些体系性条件。一是建立健全中小企业信用管理体系；二是完善知识产权和无形资产评估体系，建立文化企业资产估值体系；三是完善金融服务中小企业的机制，改变资产证券化流程长、成本高的问题。总体上是要解决如何建立新的金融服务体系问题。而现实的问题是，我们讲了20年知识经济，高

科技产业和文化产业也发展了20年，传统金融并未形成具有新经济特色的服务体系，仍存在较大的缺陷。

3.2 技术变革：如何正视当前风起云涌的金融科技

金融科技对整体金融体系一直都在产生革命性的影响，知识产权资产证券化作为其中的一种很小类的金融工具（产品）也不例外。与上面一个问题相关的是，金融科技不仅能够重构信用管理体系、资产评估体系，还可以提供服务效率。如大数据正在为资产证券化的资产定价、风险管理提供更可靠的数据，而区块链被认为能够实现相关主体资产、交易的真实性和唯一性。如"京东金融—华泰资管19号京东白条应收账款债权资产支持专项计划"等几例ABS产品已经应用了区块链技术。

但也有一些风险蕴含在其中，包括传统风险在金融科技应用中的体现，如信用风险、市场风险和法律风险等，此外，还有一些新的衍生风险，如技术风险。当前，在区块链、大数据、人工智能等行业都出现了一些风险事件，如ICO、大数据公司"爬虫"滥用等。这些事件已经使人们对在金融产品设计中利用金融科技是否存在应用风险产生疑惑。这需要发起人、管理人等在设计知识产权证券化时对金融科技的风险有充分的认识。而对于监管部门来说，以传统手段开展合规与监管工作已经不足以应对，需要对金融科技支撑的新业务模式和技术特点重新认识和评估。

3.3 政策环境：如何平衡严格监管与服务实体经济中的金融创新

目前我国已有的知识产权证券化产品多数与版权或文化产业相关，但并未意味着对文化产业来说会一片坦途。虽然我国政府鼓励进行知识产权证券化的创新，但是我们仍然需要面对金融监管所带来的一些不利局面。2016年以来，我国开始推动新一轮金融改革，其中防范系统性金融风险是三大任务之一，这也不可避免地影响到文化企业债券领域。

我国文化产业的证券化产品还有影视产业的影院院线票房证券化、文化旅游产业的主题公园入园凭证资产证券化等。这些资产证券化实践在这一轮金融监管中受到了抑制。如中国证监会公司债券监管部在2019年4月19日发布的《资产证券化监管问答（三）》中规定：对于电影票款、不具有垄断性和排他性的入园凭证等未来经营性收入，不得作为资产证券化产品的基础资产现金流来源。这些监管政策预示了监管部门对文化产业领域金融产品创新持相当谨慎的态度，甚至已经形成一种不正常的压力。这对文化产业的知识产权证券化，尤其与电影相关的版权资产证券化并不是好的时机。

金融改革对"金融服务实体经济"的任务要求正在"对冲"一些负面影响。服务实体经济就要创新，就要突破原有的一些模式。新经济发展和当前战略环境下，金融机构应重视知识产权问题，不能再以传统的方式服务实体经济，包括科技产业和文化产业。因此，应积极鼓励知识产权证券化创新，在目前关于知识产权证券化的政策都零散的政策文件基础上，出台专门的办法或管理规定，明确知识产权证券化的规则，这对科技产业和文化产业的发展都是具有极大意义的。

文化产业保险不是"伪命题"[①]

保险业在服务文化产业过程中所提供的产品、服务以及相关活动的总和，可称为文化产业保险，简称为文化保险[②]。文化产业保险是从应用领域界定的新概念，是保险功能在文化产业中的具体实现，是文化金融的重要领域。当前，我国文化产业发展正处于关键时期，需要政产学研各界持续探索，共同推动保险成为文化产业高质量发展的重要金融力量。那么，文化产业保险有哪些特点？有哪些不足？在发展中需要在哪些方面予以关注？

1. 认识文化产业保险的特点

在很多从业者看来，所谓文化保险原本是个"伪命题"，认为文化保险只是传统险种在文化领域之中的一般运用，与其他保险服务并无太大差异；即便有些险种是文化领域专属的，但因为应

---

① 本文原载于"北京立言金融与发展研究院"公众号，2020年7月3日。原标题为《文化产业保险的特点、发展状况及对策建议》。
② 广义上，文化保险还包括服务于文化事业部分的保险服务。本文中的文化保险是指文化产业保险。

用寥寥,所以无法构成一个单独的服务类型。这种看法是有一定的道理,反映出文化产业保险发展初期的困境。然而,这种情况从 2010 年开始得到改变。不仅学界研究有所积累,"文化保险""文化产业保险"和"文化产业保险市场"等作为专有概念也频繁出现在一些政府政策文件中,如 2010 年中宣部、中国人民银行、财政部等部委联合印发的《关于金融支持文化产业振兴和发展繁荣的指导意见》(银发〔2010〕94 号)和 2010 年中国保监会与文化部联合发布《关于保险业支持文化产业发展有关工作的通知》(保监发〔109〕号)。在 2014 年 8 月国务院印发《国务院关于加快发展现代保险服务业的若干意见》(国发〔2014〕29 号)中,提出要"积极发展文化产业保险、物流保险,探索演艺、会展责任险等新兴保险业务,促进第三产业发展",这一提法进一步明确了"文化产业保险"已经成为一种专门的、独立的保险业务领域。

更重要的是,文化保险在实践中已经体现了其作为特殊一类保险服务的特性。我们可以从保险服务对象来分析,对文化产业保险的主要特点有所认识。

第一,文化保险是服务于文化生产全过程。文化保险不是简单的几种险种的组合,它反映了保险和一种特定社会生产活动的关系。文化产业保险的对象不仅包含文化产品本身,而且还覆盖文化产品的生产过程,涉及财产险、人身险、责任险、信用保险等几乎所有大类的险种。因此,文化保险也可以分为文化产业财产保险、文化产业人身保险、文化产业责任保险、文化产业信用保险等类型。典型的险种是电影保险中的完片保险。

第二，文化生产具有很强的场景化特征，这是文化保险的重点。有些文化产品生产过程发生在一个封闭空间，而有些文化生产的生产活动和消费活动是同步的。只有在一个消费者参与的"场景"之中，文化生产活动才能得以完成，比如话剧演出。在影剧院、露天广场、体育场等空间进行的文艺演出、电影放映等活动，这些场景化的生产活动，都是文化保险的重点。这个方面的典型的险种是电影院、展览、演艺活动公众责任保险。

第三，文化保险虽然存在较大的行业差异性，但共性也很明显。由于文化产业分类复杂，行业特点不一，所以文化保险在艺术品、电影、演艺演出、动漫游戏等行业的保险产品差异性较大。但文化资产是文化产业的共性，因此围绕文化资产形成的保险服务是文化保险的共性，或者说，围绕版权（著作权）等无形资产、文化资产及文化资源等形成的保险产品具有鲜明的产业或行业特征，是文化保险区别于其他产业保险的主要特征之一。

可以认为，单从对象的特征看，文化保险是一种专业化程度要求较高的独特的保险业务领域。作为一个类型，文化产业保险需要开发特殊的产品，实施特殊的运营管理流程，具备风险管理能力，也需要具有保险和文化产业多重知识结构的专业人才配备。

2. 政策推动下的创新和发展状况

在实践中，与文化产业相关的特殊保险险种早已出现，如艺术品保险险种。在 2009 年之前，我国文化保险最典型的领域是艺术品保险，2004年的"清乾隆青花折枝花卉六棱瓶赔付案"是文化保险的典型案例之一。此后，我国推动在整体文化产业中推动文化保险服务，尤其在影视、动漫、演艺、会展、文化旅游等领域应用有所进展，使文化保险的内容更加丰富。

文化保险的进步，既来自市场需求和机构创新的内在因素，也得益于自上而下的文化金融专门政策的推动。《关于保险业支持文化产业发展有关工作的通知》（保监发〔109〕号）中的主要内容包括文化产业保险市场、文化保险产品、文化保险服务、保险融资功能、文化保险配套机制等五个方面。文化保险一直都是地方出台的文化金融相关政策的重要内容，如2012年北京发布的《关于金融促进首都文化创意产业发展的意见》提出构建包含"文化保险"的"'九文'文化金融服务体系"，主要内容包括：完善创新文化创意企业保险服务模式、充分发挥文化创意企业出口信用保险作用等。2014年上海发布的《上海市关于深入推进文化与金融合作的实施意见》中提出，"支持履约保证保险、信用保险、出口信用保险等保险产品发展，支持开展艺术品、会展、演艺、影视、动漫游戏等文化产业保险"。

综合文化产业保险政策文件相关内容，我国各级政府主要在以下几个方面对文化保险予以支持和鼓励：一是鼓励文化产业保险产品创新、文化产业保险服务创新和文化保险组织创新；二是鼓励文化保险中介服务的第三方机构服务，建立文化产业保险市场机制；三是鼓励发挥保险在支持文化产业发展上的融资功能等。

经过多年探索，我国文化产业保险呈现出很多亮点，出现了一些令人兴奋的实践和有益的探索。一些保险公司正在与政府、银行、基金、融资担保等机构建立文化保险业务协作平台机制。还有一些保险公司开始提供专门的文化保险在线服务，如中国人保的E-CULTURE电子商务投保咨询服务平台等。

文化保险产品创新方面是创新发展中的亮点。《关于保险业支持文化产业发展有关工作的通知》（保监发〔109〕号）确定了中国人保财险、太平洋财险、中国出口信用保险等三个试点公司以及11个试点险种，险种包括：演艺活动财产保险、演艺活动公众责任保险、演艺活动取消保险、演艺人员意外和健康保险、展览会综合责任保险、艺术品综合保险、动漫游戏企业关键人员意外和健康保险、动漫游戏企业关键人员无法从业保险、文化企业信用保证保险、文化企业知识产权侵权保险、文化活动公共安全综合保险等。保险机构进行了文化产业保险产品创新，形成了一批文化产业专属险种（见表5.2）。

表5.2 典型的文化产业专属险种

序号	行业	行业相关险种
1	艺术品行业	艺术品综合保险 艺术品财产损失保险
2	影视行业	影视综合制作保险 影视制作费用增加保险（类完片保险） 影视完工保险
3	演艺行业	演艺活动财产保险 演艺活动公众责任保险 演艺活动取消保险 演艺人员意外和健康保险

续表

序号	行业	行业相关险种
4	动漫行业	动漫游戏企业关键人员意外和健康保险 动漫游戏企业关键人员无法从业保险 虚拟财产保险
5	会展及大型活动	展览会综合责任保险
6	文旅及非遗	古建筑保险
7	通用/综合	文化企业信用保证保险 文化活动公共安全综合保险 文化企业知识产权侵权保险 著作权交易保证保险 文化企业履约保证险（履约责任保险）

由于互联网技术的兴起，互联网保险业务成为保险业的新模式。大多数保险公司都开展了互联网保险业务，也出现了一些专门的互联网保险公司，如众安在线、泰康在线、安心财产保险、易安财产保险等。其中一些机构已经推出了文化产业相关保险服务，如泰康在线推出"臻品有约"艺术品保险服务[①]，对私人艺术收藏品进行风险保障，服务范围覆盖艺术品的拍卖、包装、运输物流、仓储保管、进出口贸易、展览、企业及个人收藏等全产业链条。

虽然文化保险发展有较大进步，但还很不成熟，主要表现在：一是专属的文化保险产品和保险服务市场规模很小，每年的保费收入较少，即便是在我国保险公司服务文化企业的全部市场规模

---

① "臻品有约"是泰康在线推出的艺术品保险的总称和品牌，但其通过互联网实现的功能仍旧不多，与线下模式基本相同。

中的比例也很低；二是文化保险机构专营化程度不高，不仅没有专门的文化产业保险机构设立，即便是在现有各大保险公司中专门的文化产业保险部门也寥寥无几；三是文化保险市场机制还没有建立起来，保险与文化产业的融合度不高，文化保险险种或专属产品的覆盖面和市场渗透率过低，未能充分发挥分散文化产业风险的作用。

文化产业保险发展不成熟有供给侧的原因，也有需求侧的原因。供给侧方面，主要是制度供给和创新不足，费率较高、机构推广力度不够；需求端方面，主要是投保意识不足，或者投保能力不足。

3. 发展文化产业保险的对策建议

与金融服务体系中的银行、证券公司等机构相比较，目前我国保险机构参与文化产业的程度相对较低。一个判断是，当文化产业增加值达到或接近国内生产总值的 5%，风险管理功能的短板就可能充分暴露出来，所以需要认识到保险在文化产业中的重要性。在新的形势下，以下几个方面是可供参考的对策。

第一，创新和推广文化保险产品，增强机构服务能力。当前已经设计的一些专属险种的市场渗透率较低，很多产品多年来只有一两个应用案例，这其中有很多问题需要反思。一方面，保险机构需要倾斜更多资源在文化产业、文化企业和文化产品特征的研究上，要更多地投入在文化产业风险研究上。另一方面，政府部门需要在文化保险险种上加大参与力度。如每年我国在各地举办上万场大型活动,但是公共责任保险是自愿保险①,只有10%的活动会选择投保,建议探索在这些关系到公共利益的事项,借鉴国际经验②尝试推行文化领域的强制险。

机构的文化保险服务能力可以从流程管理改进、提供"一站式"服务等方面进行提升。其中增值服务可能是文化企业最为需要的。文化企业往往缺少相关经验,当遇到与保险相关的担保、评估等问题时,往往因为经验的欠缺而无奈放弃文化保险。在艺术品保险领域,增值服务还表现在艺术品的防损、维护、保管等方面,这点可以学习国际上专业的艺术品保险公司的经验,除了收取保费、进行赔付等常规活动外,保险公司可以做的还有很多。

第二,利用金融科技,增强文化产业风险管理能力。金融机构要对风险进行风险管理,风险管理是对风险主体进行的风险识别、风险评估和风险管控等一系列过程。文化保险所面临的风险有很大的特殊性,国际上一些保险机构在利用传统手段管理风险方面积累了上百年的经验。如安盛艺术品保险在艺术品保险中的风险管理值得借鉴,除了常规的手段,他们还会根据不同的承保对象提供差异化的风险管理方案。

---

① 北京等一些地区以"安全责任险"形式对公共场所的活动的保险责任加以强制要求。
② 在发达国家,涉及公众利益的文化产业发展往往通过法律上的规定要求"强制性"投保,从而使得投保某些险种成为一种法律义务。例如,根据英国1969年法案,影视文化公司必须投保不低于1 000万英镑的雇主责任险;美国法律要求,利用机场和市政设施进行影视拍摄,需安排500万~1 000万美元的责任保险;瑞典颁布"展览国家保证法令",政府对参展文物价值不低于2万克朗或巡回展览文物价值不低于20万克朗的非营利性展览提供担保。

当前的一个新的趋势是，大数据、云计算、区块链、人工智能、物联网等科技在保险业的运用（被称为"保险科技"），使很多保险公司在风险管理上取得关键能力。金融科技的运用，可以大大降低风险管理的成本、提高反欺诈能力、甄别高风险用户、提升管控效率，这是文化保险领域的风险管理的重要创新路径。

第三，发挥保险业融资功能，引导更多资金投入文化产业。为了保险资金的增值，保险机构需要将积累的保险资金投入到社会再生产过程中，形式主要是通过保险基金投资。保险资金是金融系统资本供给的重要渠道，也是产业融资重要的来源之一，这就是保险业在资金融通的重要作用。在服务实体经济的金融改革背景下，应持续推动保险资金流入文化产业。

保险资金不仅可以进行债权类投资，还可以进行股权类投资。2018年《关于规范金融机构资产管理业务的指导意见》（银发〔2018〕106号）（即"资管新规"）出台以来，我国资产管理行业进入调整期。2020年3月发布的《保险资产管理产品管理暂行办法》，明确了保险资管产品包括债权投资计划、股权投资计划、组合类产品和银保监会规定的其他产品。如何引导保险资金投入文化产业一直是文化金融的重要课题，实际上政府很早就已经对保险的融资功能予以了关注，在2010年发布的《关于金融支持文化产业振兴和发展繁荣的指导意见》中，就已经要求发挥保险公司机构投资者作用和保险资金融资功能，鼓励保险公司投资文化企业的债权和股权。应更多鼓励保险资金投资文化产业或文化企业债券，投资上市公司股票和未上市公司股权，引导保险资金投向投资艺术品、版权等文化资产。

第四,推动文化保险机构的专业化程度,主要是发展专营化文化保险机构。文化产业保险具有的特殊性要求,仅仅依靠传统保险产品服务于文化产业是不够的,我们不仅需要足够数量的一般性保险机构服务文化产业,更需要专业化的机构。前文已述,文化保险是复杂的、专业性要求较高的独特的保险领域,需要专业机构、专业人员来支撑。当前,除了部分试点保险公司,大多数保险公司对文化产品保险创新兴趣不足。人才方面,不仅要懂保险、懂金融,还要了解文化产业,尤其要精于艺术品、电影、无形资产等方面的知识。目前我国文化产业保险市场较小,甚至还无法支撑独立的文化保险业务部门,部门兼营的模式比较普遍,服务的专业化程度较低。

在产品创新乏力、服务专业化程度较低等诸多问题的背后,根源在于没有专门从事文化保险的专营机构。值得探索的途径之一就是基于金融许可证制度的机构专营化,包括经营机构专营化和中介机构专营化。除了支持现有保险中介机构经营文化产业保险产品,保险监管部门很早就在《关于保险业支持文化产业发展有关工作的通知》(保监发〔109〕号)中提出过"支持设立专门为文化企业服务的保险中介机构"。从国外实践看,专业的经营机构(主要是艺术品保险公司)都已经很成熟了,我国也有一些地方一直推动成立文化保险公司,这个方面应该有所成效了。

第五,培育更多的专业化第三方机构,形成良好的文化保险生态。文化保险专营化经营机构和中介机构不是文化保险生态的全部，专业化的价值评估、鉴定服务、律师等第三方机构都是文化保险生态的重要组成部分。目前，我国保险产业的生态本身就存在较大缺陷，文化保险生态更是千疮百孔。以艺术品保险领域为例，艺术品保险领域艺术品价值评估是保险价值链的核心，是艺术品保险的基础，必须由专业的第三方评估机构对艺术品、文物等进行评估和认证。如果缺少独立的、具备公信力的第三方评估机构，保险机构承保及理赔时都无法确定艺术品保险标的真伪及价值。但由于历史和体制的原因，有公信力的评估专家往往集中于国有事业单位，这些机构为保险公司提供鉴定评估服务还存在一些体制性障碍。因此，需要在改革国有事业单位进行市场化改革的同时，还要大力培育新一代的市场化的专家队伍。

文化企业如何利用融资担保工具[①]

融资担保（融资性担保）是一种常用的风险管理工具，主要用于约束债务风险。由专业的第三方担保机构进行的融资担保业务属于一种特殊的金融业务领域，受金融监管部门监管。我国中小微文化企业众多，一般在信贷、发债、融资租赁等债权融资中都需要利用融资担保工具。那么文化企业利用融资担保工具，要注意哪些问题？

---

① 本文原载于"深圳文化产权交易所"公众号，2020年7月3日，原标题《文化企业如何利用融资担保》。

文化金融：通往文化世界的资本力量

1. 了解文化融资担保相关政策

融资担保机构服务文化产业和文化企业，与服务其他产业有很多不同的特点，我们可以将这一类融资担保业务称为文化融资担保。十几年来，我国政府在鼓励通过银行信贷、发行债券、融资租赁等支持文化产业的同时，也一直鼓励创新适合文化产业特点的融资担保产品及服务。从2009年国务院发布的《文化产业振兴规划》开始，鼓励担保和再担保机构大力支持文化产业，以及鼓励开发文化融资担保业务品种等一直都是相关文化经济政策中的重要内容，如在2014年中宣部、中国人民银行、财政部等发布的《关于深入推进文化金融合作的意见》指出："要建立完善多层次、多领域、差别化的融资性担保体系，促进银行业金融机构与融资性担保机构加强规范合作，为文化企业融资提供增信服务，并在金融促进对外文化贸易方面提出探索个人资产抵质押等对外担保的模式。"

近年来，一些文化金融政策当中对融资担保的规定有了新的拓展，如在产品创新上，2020年2月北京发布《关于加强金融支持文化产业健康发展的若干措施》（京文领办发〔2020〕2号）中明确提出增强融资担保服务，"支持融资担保公司开发中小企业集合债券、集合信托、短期融资券、票据业务等新型担保产品和服务，更好发挥增信服务作用"。

除了鼓励商业性担保支持文化产业，我国各级政府部门对利用政策性担保也有相关政策规定，如2015年8月由文化部、财政部、工信部三部委联合发布的《关于大力支持小微文化企业发展的实施意见》中便明确提出"鼓励各级政府搭建的中小融资担保平台为小微文化企业提供担保"。在地方政府层面，如深圳市2016年发布的《关于促进深圳市融资担保行业加快发展实施方案》中，明确规定要支持设立面向科技、文化等特定领域的政府性融资担保机构。

值得注意的是，在2019年12月发布的《中华人民共和国文化产业促进法（草案送审稿）》提出："国家鼓励融资担保机构依法向从事文化产业活动的公民、法人和非法人组织提供融资担保，通过银担合作、再担保、保险等方式合理分散融资风险。"这将为文化产业融资担保的发展提供坚实的法律基础。

2.利用融资担保体系的相关机制设计

文化产业的中小企业众多，虽然可能没有专门针对文化企业的机制设计，但仍可以利用好现有关于中小企业的融资担保体系。根据《中华人民共和国中小企业促进法》的法律规定，"国家完善担保融资制度，支持金融机构为中小企业提供以应收账款、知识产权、存货、机器设备等为担保品的担保融资"。这是中小企业利用融资担保工具的法律基础。除了法律法规，我国各级政府和机构在利用担保工具解决中小企业融资难问题上还有许多机制设计。

我国各级政府通过财政设立专项资金或担保基金来作为融资担保体系的中坚力量，在中央层面有中小企业信用担保资金、国家融资担保基金等。中小企业信用担保资金是由中央财政预算安排的专门用于支持中小企业信用担保机构、中小企业信用再担保机构增强业务能力的资金，支持中小企业利用融资担保工具的方式主要包括业务补助、担保费补贴、资本金投入等[①]。国家融资担保基金由中央财政发起设立，采取股权投资、再担保等形式开展业务，主要任务支持各省（区、市）开展融资担保业务，带动各方资金扶持小微企业、"三农"和创新创业企业。很多地方也有区域性政府担保基金，服务本地中小企业融资。近年来一些地方开始在文化产业领域推动相关政策"植入"，如上海市要求"发挥市中小微企业政策性融资担保基金的撬动作用，为文化创意企业提供增信服务，引导商业银行加大对文化创意企业的信贷支持力度"[②]。

国家推动和完善"政银担合作机制"和"银担合作机制"，以降低融资风险。在国务院办公厅《关于有效发挥政府性融资担保基金作用切实支持小微企业和"三农"发展的指导意见》（国办发〔2019〕6号）中，要求"银担合作各方要协商确定融资担保业务风险分担比例。原则上国家融资担保基金和银行业金融机构承担的风险责任比例均不低于20%，省级担保、再担保基金（机构）承担的风险责任比例不低于国家融资担保基金承担的比例"。

在政府鼓励下，一些担保机构与相关金融主体合作提供融资

[①] 2012年5月25日，财政部、工业和信息化部印发《中小企业信用担保资金管理办法》（财企〔2012〕97号）。

[②] 2017年12月中共上海市委、上海市人民政府印发《关于加快本市文化创意产业创新发展的若干意见》（简称"上海文创50条"）。

服务，形成了"投担联动""投贷担联动""投贷担保联动"等机制，将提供资金、股权投资、增信、风险管理等工具进行了有效的结合。

3. 了解文化融资担保业务及特点

从债权方来看，通过融资担保，投资者的债权得到更好的保障，这是担保特有的风险管理和风险缓释功能。同时，融资担保对企业来说具有信用增级、对市场具有促进融资市场发展、对经济发展具有杠杆作用（如政策性融资担保）等一系列的意义。

就文化企业而言，善于利用融资担保工具，能够更大程度上实现资金融通；通过融资担保，文化企业可以实现信用增级，提高文化企业在信用市场上的交易效率，降低交易成本。融资担保公司是提供融资担保业务的专业机构，在我国的金融监管体制下，开展融资担保业务要符合相关法律法规要求。融资担保公司能够为文化企业提供相应的担保服务，在业务结构、产品设计、服务机制等方面都需要一些创新，可以称为文化融资担保（见图5.2）。

融资担保机构在文化融资担保产品设计时，利用了文化企业在资产、项目收益、项目流程上等方面的特点。文化企业在担保中可以利用版权等文化资产作为抵押物，如北京国华文创融资担保公司[①]曾经推出的"剧保通"产品，是一个纯版权质押融资担保

---

① 后更名为北京国华文科融资担保有限公司。

产品，曾为《十月围城》《新水浒》等项目提供了融资担保服务。文化企业也可以利用收益权（票房收益、门票收益）作为保证申请融资担保。具有可预期的稳定收益的项目，经过担保人评估，可以依据这些稳定收益申请融资担保。

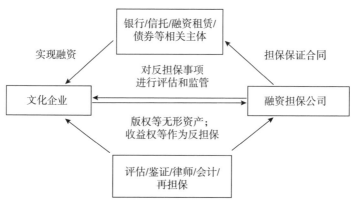

图 5.2 文化融资担保的一般业务结构

经过多年探索，一些担保公司在文化融资担保机制和管理上也进行了创新。如一些融资担保公司结合政府政策、社会组织增信等条件向文化企业提供审批上的"绿色通道"服务等。

需要注意的是，业界经常讨论的影视金融领域的"完片担保"业务与当前融资担保公司的融资担保业务在性质上有一定的区别。"完片担保"不是"债"的担保，而是投资权益的担保。

4. 选择合法合规的融资担保公司

按照我国《融资担保公司监督管理条例》以及其他相关金融

监管制度，融资担保公司必须具有经营许可证，未经监督管理部门批准，任何单位和个人不得经营融资担保业务。因此，文化企业需要注意必须与规范经营的融资性担保机构合作。按照相关规定，融资担保公司不得吸收存款，不得直接发放贷款、不得受托发放贷款、不得受托投资等，如果融资担保公司涉及了这些业务，就要提高警惕。负责任的融资担保机构一定会在风险管控上下大力气制定规则，懂得如何事前有效识别、把控风险，事后有效化解、处置风险。这样的机构是值得信赖的机构，而对那些看起来门槛极低的担保机构要保持警惕性。融资担保公司归地方金融监管部门（地方金融局等）监管，如果遇到类似情况，可以通过地方金融监管部门了解情况并作出判断。

一些地方成立了专门为文化企业提供融资担保的公司，这是文化企业的首选，如西安曲江文化产业融资担保有限公司、北京国华文科融资担保有限公司、北京市文化科技融资担保公司等。文化融资担保是一种业务类型，但不是独立于一般性融资担保以外的特许业务。文化融资担保业务最初是由一些一般性的担保机构[①]开展的，后来因为国家政策驱动，一些地方成立了专门的服务文化产业的融资担保机构。北京国华文科融资担保有限公司在文

---

① 2009年，北京首创投资担保有限责任公司、北京中关村科技融资担保有限公司与北京市文化创意产业促进中心签约，成为首批文化创意产业担保合作机构。围绕支持北京市文化创意产业企业，北京中关村科技融资担保有限公司推出了"文化创意产业专项担保"，面向北京市文化创意产业企业提供担保贷款，由北京市文化创意产业发展专项资金提供贷款贴息，担保费率也较为优惠。

化融资担保领域的开拓者,先后开发了"剧保通""演出宝""票房宝",以及"文创普惠贷""影视类企业应收账款贴现业务""蜂鸟贷"等专项担保产品。北京市文化科技融资担保公司的创新也值得关注,他们先后开发了文创保、艺术品质押保、园区保、影视基金担保等多项符合文化企业特点的产品,以"担保+投资""担保+资管"等模式帮助企业融资。

5. 注意控制融资担保成本

无须担保的融资方毕竟是少数企业,融资担保的方式总是会伴随企业左右,时常要用到融资担保公司来作为担保人。要注意的是,利用融资担保虽然可以提高融资效率,但一定程度上也增加了企业成本,有时可能会得不偿失,所以要仔细核算成本。

担保费和评审费构成了融资担保的主要成本。担保费一般是与被担保人自主协商来确定的,这需要文化企业具有一定的谈判力,争取更好的浮动费率。商业性担保公司担保费率一般为担保额的2%~4%,根据相关政策,服务中小企业的担保费,一般控制在同期银行贷款利率的50%以内[①]。政策性融资的费用要低很多。根据2019年2月国务院办公厅印发的《关于有效发挥政府性融资担保基金作用切实支持小微企业和"三农"发展的指导意见》,各级政府性融资担保、再担保机构要在可持续经营的前提下,适时

---

① 2010年财政部印发的《中小企业融资担保机构风险管理暂行办法》中第七条。

调降再担保费率，引导合作机构逐步将平均担保费率降至 1% 以下。2020 年发生新冠肺炎疫情，我国政府在中小微企业纾困解难方面提出了很多措施。财政部曾发出通知，要求地方各级政府性融资担保、再担保机构 2020 年全年对小微企业减半收取融资担保、再担保费，力争将小微企业综合融资担保费率降至 1% 以下。

除了担保费和评审费，作为被保证人的文化企业可能还需要提供反担保措施[①]，这又增加了一些成本，所以要在事前就算好成本账，而不能陷入成本危机中。在我国现行融资担保体系下，中小微企业的成本实际上都是层层加码，往往导致企业最终放弃通过融资担保进行融资，转向民间借贷等其他方式，这需要相关部门高度重视。

文化企业能够利用融资担保工具为自身服务，除了注意以上方面，还要特别注意是自身条件的不断完善和优化，只有自身经营规范、成长性好、信用良好，利用融资工具才会更加顺利。

---

① 根据《担保法》的规定，反担保措施的种类有：保证金、质押或财产抵押反担保、信用反担保等。

第六章
文化金融体系建设与创新

文化金融发展中亟须取得突破的三大领域[①]

"十三五"时期,文化产业正在成长为新的国民经济支柱性产业,文化金融发展也进入了关键时期。我们认为,接下来文化金融的发展需要在三个方面取得关键性突破:一是建设文化金融基础设施,为统一的文化金融市场夯实基础;二是强化文化金融机构专营化,成为文化金融生态中枢;三是促进文化金融中心城市建设与发展,结合新一轮城市建设完成文化与金融融合发展的战略性全国布局。

---

① 本文节选自金巍,杨涛.《中国文化金融发展报告(2018)》之总报告《中国文化金融发展:新时代与新起点》。原发表于《中国银行业》杂志2018年第7期,原标题为《文化金融发展中亟须取得突破的三大领域》。

第三部分 基业长青：体系构建中的文化金融

突破点一：完善文化金融基础设施

文化金融发展迫切需解决无形资产评估难题。金融服务基于标准化的价值评估。文化类企业以无形资产比重较高为特征，在融资过程中经常会遇到评估难、融资难问题。同时，文化产业的类型多样化，评估的标准难以统一，程序也不够规范，相应市场价值难以量化。2016 年中国资产评估协会发布了《文化企业无形资产评估指导意见》，但在实践中还存在大量现实问题尚需解决。更加科学合理的资产评估体系，将成为重要的基础设施之一。

文化企业信用评估与组织体系是文化金融的重要支柱。信用是金融系统运行的核心与基础。文化企业普遍具有轻资产的特性，能够抵押、质押的重资产较少，有些企业甚至无形资产也较少，因此企业信用在融资过程中的作用就显得尤为突出。比如，2017 年，杭州银行经过多方调查研究后，按照单独的准入政策、审批流程，最终为电视剧《人民的名义》提供了 1 000 万元的纯信用贷款支持。在文化企业融资中，这种无须抵押质押的纯信用贷款只是个案。

完善文化企业信用评估体系，需要相应的组织体系保障。通过行业组织进行企业信用评估是一种良好的尝试，比如，2016 年 8 月全国首个文化企业信用促进会在北京朝阳国家文化产业创新实验区成立，填补了文化创意产业信用评价组织的空白，该机构对文创实验区范围内的文创企业组织信用评级，具备一定级别的企业可优先享受银行、担保类机构的融资担保服务。总之，如果能拥有良好的信用评价评估体系，未来依托信用进行的文化企业融资渠道就能更加顺畅有效。

文化金融市场信息系统是基础中的基础。首先，完善文化与金融的相关统计指标体系。实际上早在2010年，相关部门就发布了《关于金融支持文化产业振兴和发展繁荣的指导意见》(银发〔2010〕94号)，要求各金融机构要逐步建立和完善金融支持文化产业发展的专项统计制度，加强对文化产业贷款的统计与监测分析，但这一工作目前的成效仍不够显著。其次，打造公共部门的文化数据共享与分析系统。协调政府部门建立合作和共享关系，采集国家统计局、商务部、中国人民银行、文化部等政府数据。再次，构建机构之间的文化金融数据与信用分享体系。协调各类金融机构和社会组织，包括各商业银行、保险公司、证券公司、信托公司、证券交易所、区域性股权交易市场、其他金融机构、金融行业组织、文化产业行业组织等。最后，在国家层面推动建设文化项目大数据分析系统。该系统能够对文化项目进行更加精准的数据分析和评估，从而为金融支持文化项目奠定更加坚实的基础。

突破点二：探索文化金融机构专营化

文化金融在业态的本质上是金融，枢纽在于金融机构。金融机构应结合产业特点培育专门化的人才队伍、运营机制。文化部、中国人民银行、财政部于2014年发布的《关于深入推进文化金融合作的意见》明确要求,将"创新文化金融服务组织形式"作为创新文化金融体制机制的重要内容。一是鼓励银行建立专门服务文化产业的专营机构、特色支行;二是支持发展文化类小额信贷公司;三是支持民资发起设立为文化产业发展提供专业化服务的中小银行。

当前,这三种类型中,银行设立专营机构较早,发展也较好;文化类小贷公司也有少量设立,如北京市文化产业小额贷款股份有限公司等;尚无公开信息显示有独立法人的文化产业中小银行取得金融经营许可证并成立。

从目前从事文化金融领域的机构看,很多机构只是专业化、专门化或特色化,只是业务管理和业务战略的重构,而专营机构是具有法规意义的制度安排。

有效的文化金融机构专营化需要一些机制性设计。没有"机会成本"考量的岗位才能激发员工的积极性和主动性。一些银行建立的特色支行,一般只是将文化产业作为重点服务产业,但因为业务开展缓慢,风险又比较高,所以一些特色支行又将业务重点放在其他产业的金融服务上,员工会把精力放在其他客户上。因此,如果设立专营性的文化金融机构,必须建立不同于其他产业服务的激励机制和风险容忍机制。一方面,机构自身可在内部进行限制,比如,杭州银行文创支行明确80%以上信贷资源必须投向文创行业板块,同时不得介入政府平台、房地产及传统制造业或商贸行业。另一方面,监管部门批准设立专营机构时应有明显的限制性规定。

文化金融机构专营化需要解决"金融牌照"问题。金融机构经营许可证在业界俗称"金融牌照"。文化金融机构专营化首先就是牌照问题。独立法人的文化金融牌照是否可行？

首先，为一个产业单独设立商业银行，目前业界普遍认为，因为没有先例，同时与当前金融机构经营许可分类标准冲突所以难以操作。比如，近些年来，文化产业界和金融界也在探索成立文化产业保险公司，但未有取得进展。

其次，关于设立专营文化金融的分支机构，根据原银监会制定的《中资商业银行专营机构监管指引》，专营机构及其分支机构开展经营活动，应当申领金融许可证，并在工商、税务等部门依法办理登记手续。从这一规定看，如果在银行总行下设立文化产业专营机构，是需要取得"金融牌照"的，只不过这不同于独立法人的金融机构经营许可证。根据原银监会发布的《中国银监会中资商业银行行政许可事项实施办法（2017年7月修订）》，中资商业银行分行、分行级专营机构的开业申请由其筹建申请人向所在地银监局提交，支行的开业申请由拟设地银监分局或所在城市银监局受理、审查并决定。

商业银行在文化金融专营机构建设上起步较早。2013年，杭州银行设立国内首家文创金融专营机构——杭州银行文创支行；2016年12月，包商银行深圳分行文化产业专业支行在深圳市罗湖区揭牌；2017年10月，北京银行也宣布成立文创金融事业总部及两家文创专营支行。

此外，除了银行、保险、信托、证券等金融机构，还有一些金融机构或类金融机构是文化金融发展值得重点关注的领域，主要包括：小额贷款公司、融资担保公司、融资租赁公司、典当行、商业保理公司、资产管理公司、投资公司、众筹公司以及区域性股权市场、各类交易所（含文化产权交易所）等。在此领域北京地区的探索起步较早，比如已经成立了北京市文化产业小额贷款股份有限公司、北京市文化科技融资租赁公司、北京市文创基金管理公司等。

这其中，融资担保也是发展文化金融值得关注的机构类型。2017年8月21日，国务院颁布了《融资担保公司监督管理条例》，鼓励服务中小微企业，该条例虽然并未特别提及文化产业，但由于文化产业的中小微企业比例极高，这一文件对文化产业来说仍具有一定的意义。而这也给文化金融专营化探索提供了一个新思路：众多民营融资担保公司在整顿和监管清查中需要重新定位发展方向，可鼓励一些机构将文化产业融资租赁作为特色服务，并取得政府财政支持，有条件的直接进行文化产业融资担保专营化改造。

突破点三：建设文化金融中心城市

2014年3月，文化部、中国人民银行等部门联合发布《关于深入推进文化金融合作的意见》（文产发〔2014〕14号），将"探索创建文化金融合作试验区"作为文化金融体制机制创新的重要内容。近几年，北京、南京、宁波、沈阳等地都启动国家文化金融合作试验区创建工作，而江苏省在其省内也开始启动省级文化金融合作试验区的创建工作。

国家文化金融合作试验区（或示范区）计划一直还未实际落地。[①]不过，在一个中心城市建立文化金融合作试验区（或示范区），仍然是文化金融与一个城市融合的开端，是文化金融融入一个城市建设和区域经济建设的良好起点，能够初步体现文化金融在城市经济生态建设中的作用。

体现文化金融与城市经济生态关系的命题，还有文化金融中心城市的建设。这个命题，在学界都有相关探讨，北京市也曾提出过建设"国家文化金融创新中心"的目标。无论是国家文化金融创新中心、全球文化金融中心还是区域性文化金融中心，文化金融中心建设已经开始与一个城市的总体建设联系在一起，文化金融中心可能成为城市经济布局的重要选项。

没有金融"血亏"，没有科技"腿软"，没有文化"心虚"。资本、文化和技术既是经济发展的内生要素，同时又成为遥遥领先的独立的产业业态，我们将金融、文化和科技称为"三元动力结构"，而金融产业、文化产业和科技产业称为"三大要素性产业"。能否成为文化中心、金融中心和科技中心是一个国家、地区或城市的经济和社会发达程度的重要标志。文化金融中心城市建设，连接了现代经济中的两大要素性产业，具有非常重要的意义。

文化金融促进城市建设和区域经济发展，不仅有利于城市文

---

① 2019年12月，北京市东城区与浙江省宁波市正式获批创建国家文化与金融合作示范区。

化产业发展，也有利于发挥金融中心城市的重要职能作用。区域性金融中心不仅要服务城市本身，还要辐射一定的区域。以西安为例，西安作为区域性金融中心，不仅要服务和影响西安和陕西省，还要辐射西北部大多数地区。而在西北部经济发展中，发展文化、旅游、体育等泛文化产业已经成为极为重要的任务。

由于文化产业与城市建设及区域经济发展的关系日益密切，当金融和这个城市、这个区域相联系时，就必然要和文化产业相遇。文化金融中心城市建设问题承载了文化产业、金融中心、城市建设、区域经济等多个内容，值得政产学研各界持续关注。

发展文化金融亟待构建两大支柱[①]

2010 年以来，我国的文化金融取得了较大的发展，市场主体日渐增多，文化金融产品不断丰富，文化金融市场规模保持高速增长。随着经济发展形势的变化，我国文化金融发展的方式也需要转变，既要增长速度，也要高质量发展，既要鼓励创新，也要加强金融监管，营造规范的文化金融发展环境。在这种背景下，大力推动文化产业信用体系与无形资产评估体系这两大支柱构建就显得尤其必要和紧迫。

---

① 本文原发表于《北京文化创意》，2019 年第 2 期。

1. 两大支柱反映金融服务文化实体经济的根本要求

文化金融是通过金融工具、金融机构和金融市场实现文化生产领域资本金融要素和金融功能配置的运行体系。简单说，文化金融是基于文化生产领域的金融服务及金融市场体系。

从这个定义上，我们知道文化金融的根本目的是服务文化生产和文化实体经济。要服务文化实体经济，就要结合文化产业和文化企业的实际情况。那么什么是文化企业最大的实际？文化企业在金融市场上的最大实际，就是所谓的"轻资产"影响着文化企业在资产市场的融资能力，使文化企业成为最缺乏融资能力的企业类型之一。商业银行等金融机构是市场化主体，不能要求无限满足某一产业的超出市场化部分的融资需求。我国政府在投融资领域向文化企业多有倾斜，但解决文化企业在金融市场融资难的突破点只有两个，即彻底解决文化企业信用和无形资产评估问题。文化产业信用管理和无形资产评估已经成为当前文化金融工作的最大瓶颈。

在间接融资市场，尤其在信贷市场，文化企业的特点就是缺少信贷抵押物。如果要改变这种被动状态，首先就是要摆脱抵押物依赖，大胆进行文化产业信用管理体系建设，主要是文化企业信用管理，使文化企业能够依靠纯信用就可以融资；如果必须使用信贷抵押，那么就需要根据文化企业的资产特点，发挥无形资产在信贷中的作用。在直接融资市场，信用和无形资产评估同样不可替代。在债券市场，要么依赖企业信用，要么依赖资产信用

（资产证券化）。而在股权资本市场，无形资产评估同样重要，所谓的高风险、高收益来自哪里？就是在文化企业的文化资源的时间价值上，具体说，就是无形资产在未来的盈利能力。

2. 构建两大支柱是防范金融风险的必然要求

防止发生系统性金融风险，是我国当前金融工作的根本性任务。在当前金融供给侧结构性改革的背景下，一方面要强化服务实体经济的能力，另一方面还要防范系统性金融风险。文化金融作为金融体系的一部分，也需要加强防范金融风险的工作。近年来，我国在文化金融监督方面的重点包括艺术品金融与文化产权交易市场、股权投资和证券市场、海外投资等领域。

文化金融基础设施是未来文化金融发展需要突破的关键领域之一，而文化产业信用管理和无形资产评估是文化金融基础设施的重要组成部分，与文化金融市场信息系统共同构成文化金融风险防范的三大支柱。所有金融服务都需要建立在良好的基础设施之上。良好的金融基础设施不仅能够提高金融服务的效率和金融服务的覆盖面，而且是防范金融风险的重要保障。在金融监管强化的背景下，具有基础设施性质的创新工作将更具意义。

文化产业信用体系是多层次信用体系，除了公共服务性质的文化企业信用信息基础数据库，还包括金融机构的文化企业信用管理和文化消费信用管理体系、社会信用机构（征信和评级）的文化企业信用服务体系等。此外，社会组织的文化企业信用管理与服务也是文化产业体系的重要组成部分。建设文化产业信用体系是防范信用风险的最佳途径。而公允权威的无形资产评估体系是文化产业资本市场理性投资的可靠依据，同时，合理的价值判断和合理的预期也有助于防范市场风险。

3. 构建两大支柱的三个主要路径

第一，推动出台专门政策，从制度方面进一步提供保障。我国政府相关部门较早已经注意到文化企业信用管理体系和无形资产评估体系问题。在全国性政策中，有2010年发布的《关于金融支持文化产业振兴和发展繁荣的指导意见》、2014年发布的《关于深入推进文化金融合作的意见》；在地方性政策中，有2012年北京市发布的《关于金融促进首都文化创意产业发展的意见》、2019年北京市朝阳区发布的《国家文创实验区高质量发展"政策50条"》等，均有文化产业信用管理的相关内容。2016年3月，中国资产评估协会发布了《文化企业无形资产评估指导意见》，对文化产业无形资本评估、流转提供了很有价值的参照系。

但由于目前政策内容还显得零散，所以需要就这个方面出台专门政策，并推动政府法规性立法，同时在执行层面推动细则等出台。根据目前金融改革中创新与监管并行的形势，应在文化金融的基础设施方面推出专门政策，尤其应积极推动文化产业信用体系、文化产业无形资产评估体系的建设，在优化风险防范环境的战略框架下，鼓励文化金融领域基础设施的创新活动。应鼓励市场化机构在具有未来竞争力的基础设施建设方面进行长期投资，鼓励征信服务业开展文化企业征信业务，鼓励以PPP方式建设基础设施类项目。

第二，借助金融科技，推动行业性信用管理平台和无形资产评估体系建设。无论是信用管理体系还是无形资产评估，其重要性早为业界所认识，但现实中的效果总是差强人意。一方面，历史积累较少，历史经验数据还不足以支撑一个有效的系统；另一方面，缺乏具有决定意义的技术保障，现有的技术已经无法取得更大的突破。大数据技术、区块链技术、云计算的飞速发展，为信用管理、无形资产评估平台的完善提供了极大的可能性。大数据征信技术扩大了征信主体的范围，中小微企业甚至个人都可以进入征信范畴；大数据技术提供全样本数据，这将改变现有的无形资产评估模型和逻辑，甚至人工智能技术，都可以作为无形资产评估平台的一种辅助手段。在无形资本评估领域，目前中国资产评估协会正在推动金融科技与无形资产评估业务的结合。

南京金电文创信用信息服务有限责任公司提供的大数据信用服务和"文化征信贷"业务为业界提供了一个不错的示范，但我国文化产业发展需要一个行业性信用信息管理平台。在2014年发布的《关于深入推进文化金融合作的意见》中，要求加强文化企业信用体系建设。在《国务院关于印发社会信用体系建设规划纲要（2014—2020年）的通知》（国发〔2014〕21号）中，在"加快推进信用信息系统建设和应用"要求"建立行业信用信息数据库"。在政策范围内，应积极推动部门合作、政企合作，以金融科技为技术支撑的行业性文化企业信用信息平台的建设。

第三，积极推动建立专业性社会组织，充分发挥社会组织的作用。在产业管理方面，往往只有协会、商会、联合会等社会组织才是最佳的行为主体，社会组织在文化金融基础设施建设方面也应发挥应有的作用。在信用体系建设方面，以政府主导的信用体系建设模式应向以行业组织与市场共同建设的模式转变。北京国家文化产业创新实验区设立文化企业信用促进会，为文化企业融通资金提供专业化服务，是值得借鉴和推广的方式。该促进会服务对象为国家文化产业创新实验区4万多家文创企业，职能为信用宣传、信用服务、信用监督，着力宣传信用政策、推广使用企业征信评级、培育信用服务市场、促进以信用为基础的企业融资服务、发展文化金融、建立企业信用档案和信用数据库、搭建信用信息公共服务平台等。

文化产业组织以及文化金融方面的社会化组织是政策鼓励建立的类型，如2014年印发的《关于深入推进文化金融合作的意见》中要求"探索建设文化金融社会化组织，发挥其桥梁纽带作用"。目前我国在这方面的社会组织非常少，需要相关部门积极推动建立，并适当放权，扩大社会组织的行业管理权限，这样才能真正发挥第三部门作用，形成文化金融发展的合力。

第三部分　基业长青：体系构建中的文化金融

无形资产评估是文化金融体系的支柱①

我国的文化金融发展正处于极其关键的时期。我们已经看到，近期发布的《文化产业促进法（征求意见稿）》中，与文化金融直接相关的内容着墨较多，这反映了文化金融的重要性已经得到高度的认可。然而，经过初期的快速发展和创新发展，文化金融在新时期面临着更多新的问题，需要思考如何突破瓶颈，持续发展。

笔者曾在多篇文章和不同场合中提出，在当前环境和形势下，文化产业信用管理体系与无形资产评估体系是文化金融体系（或文化金融发展）的两大支柱，需要全力以赴构建这两大支柱。那么，为什么要强调无形资产评估是文化金融体系的支柱呢？我们可以从文化金融特征、新经济形势和金融改革三个方面来认识。

1. 将无形资产评估作为文化金融体系支柱，是文化金融特征要求使然

文化金融是一种服务于文化生产的产业金融形态。文化金融与其他产业金融不同之处就在于要反映文化生产的特点，具体说是要反映文化产业的特点，要根据文化产业的特点采用不同的产业金融服务方式。文化产业虽然在生产、流通和消费方面、经营

---

① 本文在发表于"深圳文化产权交易所"公众号，2019年8月20日。

管理和治理结构方面以及在财务方面等都有不同的特点，但在所有不同于其他产业的特点中，最大的特点就是文化资产和无形资产。文化资产是文化金融的核心内容，能够反映文化金融的本质特征，然而在实践中我们仍需要将无形资产评估作为发展文化金融的支柱，放在更重要的地位。

第一，无形资产与文化资产的交集主要是版权，是最重要的文化资产。文化资产是能够进行价值计量的文化资源，包括版权等无形资产，也包括具有文化价值的实物资产（如建筑、文物、艺术品等），文化数据资产也是重要的文化资产形态之一。无形资产包括专利权、商标权、非专利技术、版权（著作权）、特许使用权和客户关系等。从内容上，无形资产与文化资产有较大的交集，交集的主要内容是版权（著作权）资产，这部分本身最具文化产业资产特性。在前一段时期的 IP 的火热已经预示了版权在文化产业的重要地位。

第二，无形资产评估是相对成熟的领域。因为文化资产包含范畴较广，在实践中还比较难以笼统就文化资产评估进行操作，所以需要将重心放在无形资产评估方面。在实践中，无论是会计行业还是资产评估行业，无形资产评估都具有更具体的标准和体系，所以聚焦文化企业的无形资产应更具有文化金融操作性，将无形资产评估作为文化金融体系的支柱之一是有逻辑基础的。

第三，版权以外的其他无形资产形态（技术专利等），对于文化企业来说具有同样的重要性。各个行业无形资产的主要类型是千差万别的，除了常见的专利、商标等，还有一些行业的重点是销售网络、客户关系、合作契约、特许经营权、合同权益、域名和商誉等无形资产。对于文化产业来说，这些无形资产同样重要，而且，这些无形资产在数字经济和创意经济时代将给文化企业带来更多的竞争力，所以需要更多关注。

2. 将无形资产评估作为文化金融体系支柱，是新经济发展形势的必然

世界从20世纪90年代开始进入以信息技术革命和知识经济为主要形态的新经济时代。我国在21世纪开始呈现新经济特征，当前的主要内涵是"新动能、新产业、新业态"。新经济发展的特征之一就是智力成果的市场化程度越来越高，所以无形资产将成为最重要的资产形态。我们可以从四个方面来认识这种趋势。

首先，无形资产成为企业市场竞争的最有力的工具之一。无形资产不是只有文化企业所拥有，高科技、服务、信息等产业都有较多的无形资产。文化企业与很多高科技企业一样，是新经济的主要力量。而这些新经济力量因为不具备重资产也被称为"轻资产企业"。实际上真正有远见的文化企业正通过扩大无形资产的比重扩大市场影响力，而不是回到购置重资产的老路。

其次，无形资产已经成为国家实力的体现。如在2013年7月底美国经济分析局（BEA）公布的GDP核算方法以及根据新方法修订的经济数据中，将研发投入和娱乐、文学、艺术产业等项目的支出纳入统计范畴。媒体把美国GDP核算方法新纳入统计的项目概括为"无形资产"，将"无形资产"纳入美国的经济核算体

系，被认为是美国经济对创新价值高度重视的表现。

再次，数字经济时代，无形资产和数字技术的结合，正在催生新的文化资产形态。企业拥有的数据资产（Data Asset），如阿里巴巴等电商的海量交易数据，正在转化为企业的类金融资产，所以在文化生产过程中形成的以电子数据形式存在的数字资产将成为文化企业最主要的文化数据资产。与文化企业直接相关的还有数字化无形资产，包括线下无形资产的数字化和数字平台产生的无形资产。在分布式技术条件下，文化企业在生产中形成的知识产权都将通过数字技术确权，也可以数字化传播和消费。在数字经济背景下，这些已经是实实在在的不可忽视的资产，金融体系正在不断调整对文化资产的认识。

最后，随着大数据、区块链、云计算、人工智能等技术的飞速发展，无形资产评估平台出现重大变革已经成为可能。大数据技术提供全样本数据，这将改变现有的无形资产评估模型和逻辑，人工智能技术也可以作为无形资产评估平台的一种辅助手段。

3. 将无形资产评估作为文化金融体系支柱，是当前金融改革的政策需要

未来很长一段时期，我国金融改革的主题是金融供给侧结构性改革，要在强化服务实体经济、扩大金融领域开放的同时，完成防范系统性金融风险攻坚战的重要任务。当前，由于防风险的政策压力，我国文化金融在规范发展和创新发展中需要找到平衡

点。而实践中，由于找不到很好的办法，事实上已经出现创新停滞、资本市场活力受到严重压制的情况，特别是文化产业资本市场的大面积资本退潮需要重点关注。文化金融要在服务文化实体经济的同时防范相关金融风险，而作为文化金融领域特殊的基础设施之一，无形资产评估体系具有不可替代的作用。

第一，是切实要服务文化实体经济，就要认可并重视无形资产的价值。金融机构要服务文化实体经济，既要达到促进文化生产高质量增长的目的，同时要保证自身的商业利益。要在金融服务文化实体经济上取得根本突破，一方面要解决文化企业信用问题，以降低信用风险，另一方面就是要通过无形资产管理体系解决文化企业"轻资产"紧箍咒。由于文化企业的无形资产常常不被合理认可，在资产市场的融资能力一直无法有质的突破，所以文化企业成为最缺乏融资能力的企业类型之一。要服务文化实体经济，就不能幻想文化企业增加实物资产作为信用基础，而是应以无形资产评估为中心建立可信、稳定和可持续发展的管理体系。

第二，作为特殊的文化金融基础设施，完善可靠的无形资产评估体系也有助于防范风险。当前看，在文化金融基础设施方面进行创新，大胆推动变革，在严监管时期是较好的路径之一。文化金融防风险的重点领域主要包括艺术品金融与文化产权交易市场、股权投资和证券市场、海外投资等领域，其中很多风险与无形资产评估的不规范有关。无形资产评估体系是特殊的文化金融基础设施，完善这一基础设施，首先可以防止无形资产评估问题可能导致债权市场的重大信用风险，在股权资本市场提供相对可靠的价值判断依据，而合理的价值判断和合理的预期也有助于防范市场风险。

综上，在当前文化产业发展和金融改革背景下，无形资产评估的重要性越来越明显，需要将无形资产评估作为文化金融体系或文化金融发展的支柱之一来认识和构建。

文化金融数据与专项统计制度[①]

近年来我国的文化产业得到快速发展，文化金融在其中起到了关键的推动作用。然而，由于目前还没有能够全面反映文化金融发展情况的数据系统或市场信息系统，已经极大制约了各界对文化金融发展的认识和准确把握，不利于文化产业和文化金融的高质量发展。所以，应尽快推动完善文化金融专项统计制度，形成协同、持续、共享的文化金融市场信息与数据管理机制。

1. 缺乏完整清晰统计数据的尴尬

多年以来，我国通过深化文化金融合作与融合，提高了我国文化产业规模化、集约化、专业化水平，增强了文化产业的竞争力，文化产业增加值的规模也日益扩大。同时，我国文化金融作为一个特殊的金融服务领域，其本身也日益成熟，取得了较大的

---

① 本文原载于"深圳文化产权交易所"公众号，2020年9月2日。原标题为《发展文化金融需要完善的专项统计制度》。

成就，主要表现在：文化金融服务开始进入专业化时期；文化产业与多层次资本市场关系日益密切；文化金融领域的公共政策和服务配套机制开始完善；等等。在市场规模上，一些数据表明，文化金融市场规模较之以往已经有了天翻地覆的变化。结合央行和中国银行业协会相关数据估算，2019 年我国银行信贷（含政策性银行）为文化产业使用的贷款余额应已经超过 1 万亿元[①]。根据新元文智、清科等数据，2017 年通过股票市场、债券市场及私募股权基金市场流入文化产业的资金约为 5 000 亿元。但文化产业股权投资领域的数据在 2018 年和 2019 年下降较大。

可以看到，虽然我国文化金融的整体发展有了很大进步，但其发展的准确情况仍是比较难以掌握的。目前在信贷市场方面，中国人民银行总行和中国人民银行的部分分行（如广东、陕西）在相关统计报告间断含有"文化产业本外币中长期贷款余额""文化产业本外币贷款余额""文化产业贷款余额"等指标数据，其他省市（如江苏、上海）在文化产业发展相关报告中偶尔有文化产业信贷数据，但都较少专门的详细的文化产业信贷情况统计公布。债券市场、证券（股票）市场、私募股权投资市场、信托及资产

---

① 根据央行统计，2011 年末，全国文化产业本外币中长期贷款余额为 861 亿元；2014 年末，文化产业中长期本外币贷款余额为 1 955 亿元，同比增长 24.2%。根据央行《2015 年金融机构贷款投向统计报告》，2015 年末，文化、体育和娱乐业中长期贷款同比增长 25.7%，增速比上年末高 1.3 个百分点。根据中国银行业协会 2018 年的一项调查，截至 2017 年末，包括政策性银行、大型商业银行、邮储银行和股份制商业银行在内的 21 家主要银行文化产业贷款余额达 7 260.12 亿元。

管理市场等与文化产业关系密切，文化产业通过这些渠道的融资规模也较大，也较少有相关的、连续性的统计数据或报告发布。融资租赁市场作为特殊的债权类市场，一些机构已经开始创新文化产业专属产品，但业务规模较小，也没有全行业的专门统计机制。文化保险市场除了已经规定的11种文化产业专属产品，一些机构也设计新的文化保险专属产品和服务，但暂时也没有在这方面的全行业统计机制。

即便是已经发布的数据或报告，统计口径也各有不同，这极大影响通过综合数据对文化金融整体情况进行判断。与文化金融相关的金融监管部门和金融机构类型较多，而且对文化产业的认识也存在较大的差别，目前各部门关于文化产业的界定与国家统计局关于"文化及相关产业"的界定范畴多数是不一致的，一些统计还包含了体育、教育等部分。多年来文化金融相关数据多来自不同部门、不同时间、不同口径，这种局面实际上对一个发展十余年的专业领域来说是相当尴尬的，而且任何部门要拿来作为决策依据往往是勉为其难的。

近年来，除了中国银行业协会等行业组织受文旅部委托做过相关专项调研，由第三方所做的统计报告或调研报告也很少。而且由于金融业的特殊性，如果不是由官方组织和机制设计要求，权威而准确的基础数据是很难通过一般渠道取得的。因此，对文化金融这一领域的专项统计制度的需要是迫切的。

2. 完善文化金融专项统计制度的必要性

实际上,文化金融专项统计工作的重要性很早就为决策层所认识,在相关政策中早有关于开展文化金融方面的专项统计工作的规定和要求。在2010年由中央宣传部、中国人民银行、财政部、文化部等九部委印发的《关于金融支持文化产业振兴和发展繁荣的指导意见》(银发〔2010〕94号),提出"加强政策落实督促评估",要求"各金融机构要逐步建立和完善金融支持文化产业发展的专项统计制度,加强对文化产业贷款的统计与监测分析。人民银行各分支机构可根据辖区实际情况,建立金融支持文化产业发展的专项信贷政策导向效果评估制度"。在2014年发布的《关于深入推进文化金融合作的意见》(文产发〔2014〕14号)中,也要求"研究开展文化产业融资规模统计,探索制定文化金融服务标准"。在北京、上海、陕西等省市的相关文化金融专门政策文件中也有关于建立专项统计制度的要求。

推动完善文化金融专项统计制度的必要性,首先是出于更好服务文化产业发展的根本目的。为推动文化产业发展,党和政府制定了一系列关于金融支持文化产业的相关战略方针和具体政策。多年来,我国通过文化金融融合发展方面有力支持了文化产业,文化产业规模也日益扩大,2018年我国文化产业增加值已经达到了41 171亿元,占GDP的比重为4.48%。然而,我国文化产业要在"十三五"末期实现成为国民经济支柱性产业的目标,仍旧存在一定困难,即便达到相应的指标,今后的发展也是离不开金融的支持的。因此，要高质量持续发展文化产业，就需要发展文化金融，而发展文化金融就需要有一个完善的数据和信息系统支撑。

完善的文化金融专项统计制度不仅是发展文化产业的需要，对金融体系本身也具有重要意义。我国金融发展的重要任务，是既要服务实体经济，还要防控金融风险。通过统一的统计机制和信息系统，可以全面了解和掌握文化金融市场的发展状况，不仅有利于政府决策部门有针对性地制定政策或做出决策，更有利于更好服务文化实体经济；此外，还有利于防范由文化金融领域引发的金融风险[①]。我国近年来在文化金融领域的监管上虽然卓有成效，但也存在一定的不足，信息缺失是其中重要的原因。从文化金融服务体系来说，以专项统计为核心形成的文化金融信息系统是文化金融的重要基础设施，也是防范风险的重要工具。

另外，在国家金融层面，我国正在推进金融业综合统计和监管信息共享，建立统一的国家金融基础数据库；在此背景下，我国也在不断完善绿色金融、普惠金融等领域专项统计制度，以便积极贯彻重点重大领域的战略任务。鉴于我国文化产业发展的重要性，以及近年来文化金融与科技金融、绿色金融等特色金融一样在区域金融发展中发挥了特殊作用，文化金融发展也应得到足够重视，应积极推动建立和完善专项统计制度。

---

① 金巍，杨涛.《中国文化金融发展报告（2019）》[M].社会科学文献出版社，2019.

3.完善专项统计制度的根本在于协同、共享、持续

相关金融部门以往在文化金融统计工作是有积极成效并有价值的，但仍缺乏协调性和统一性。同时目前文化金融市场信息的不完整和不全面，反映了一些部门对文化金融仍存在较大的认识问题。建议金融主管部门加强部门协作，推动建立协同、共享、持续的文化金融专项统计制度。

一是要在监管部门各自系统建立的金融支持文化产业专项统计或相关统计机制基础上，依据国家统计局《文化及相关产业分类2018》的分类标准，统一统计口径，制定统一的文化金融统计标准，以便在文化信贷、文化产业债券、文化上市公司、文化产业私募基金投资、文化保险等各领域的数据可比较、可综合。二是由第三方机构挖掘原始数据进行行业研究。建立信息和数据共享机制，指定机构进行季度性或一年一度的综合统计并定期发布；在一般统计基础上，结合文化产业特点，进行分类分析（如文化产业专门金融服务、专属金融产品类别），分析整理文化金融发展和市场趋势报告。

另外，在完善文化金融专项统计制度的同时，建议扶持研究机构、智库、社会组织等第三方机构探索建立文化金融市场信息系统，依靠大数据、云计算、人工智能等新技术，打造文化金融市场动态数据挖掘分析系统，建立相关文化金融指数系统。在条件成熟的情况下，应建立国家文化金融市场信息系统。

文化金融：通往文化世界的资本力量

文化数据资产将成为未来最重要的文化资产之一①

文化金融作为一种特殊的金融服务活动，是以文化资产为核心进行的。随着大数据技术和数字经济的飞速发展，数据资产逐渐为各界所重视，而文化数据资产也开始进入文化金融视野。可预见的是，文化数据资产将成为未来最重要的文化资产之一，而文化数据资产评估与管理体系也将成为新型文化金融基础设施。

1. 数据、数据资产与文化数据资产

电影《阿凡达》以卓越的视觉特效和3D画面开创了电影制作的新时代，该影片不仅给人们带来了全新的视觉享受，而且也形成了电影较成熟的数字生产方式。《阿凡达》产生了大量的数据资料，电影完成时一帧的数据是12MB，一秒钟24帧，每分钟的数据量就有17.28GB，整部电影大约3PB的数据存放在BlueArc和NetApp的存储系统中。而维塔数码（Weta Digital）数据显示，7年后上映的《阿丽塔》占用的磁盘空间是《阿凡达》的3倍，共计有3万台电脑参与制作，对特效场景渲染时间总计为4.32亿小时。除了这些科幻电影，很多其他类型电影，由于大量使用数字技术，都产生了海量数据，这些都成为了电影制作机构的重要

---

① 本文原发表于中国经济网，2020年8月27日。内容有调整。

资产。

不仅是电影行业，在文化产业当中，只要是利用了互联网和数字技术进行了文化生产，也即文化产品的设计、开发、推广和销售，那么就会产生大量的数据。这些数据包括了生产数据、流通数据和消费数据。大数据和数字技术背景下，数据资产以表单、图形、语音、数据库、代码等各种数字形态存在，成为一种特殊的资产。在一定的规模基础上，通过数据资产管理，企业的文化数据资产不仅能够满足自身生产需要，还能够进行对外数据服务。

在公共文化资源领域，政府也正在鼓励利用数字技术对公共文化资源进行数字化改造，既能够方便服务公共文化产品供给，同时也能够实现一定程度的商业化。一项旨在推动文化遗产数字化的"文化基因工程"，就是利用大数据和人工智能的工程化方法对文化遗产进行采集、提取、解读、重构、可视化分析、知识图谱建构等处理，对文字、图像、音乐、舞蹈等多种形式文化符号的进行数字化开发，使之能够方便地使用于新的文化创作、生产、传播、消费过程中。

数据资产（Data Asset）作为一个概念在经济、金融、资产评估和企业等不同视角上具有不同的含义，但本质上都是指在信息经济和大数据技术发展背景下产生的不同于传统资产形态的一种资产形态。与数据资产相似的概念是数字资产（Digital Asset）。近年来数字资产有专指数字货币、虚拟货币等数字技术生成的类金融资产的趋向，可认为是狭义的数字资产；但从广义上，随着数字经济和数字技术概念的深入人心，数字资产也可认为包括了狭义的数字资产和这里要讨论的数据资产。

数据资产的含义在大数据技术应用的前后也是很大不同的,例如在存储形式上,后期的数据资产不仅包含结构化数据,而且包含半结构化数据和非结构化数据。而从资产管理视角上,后期的数据资产更加强调权属和场景化应用。在2019年中国资产评估协会印发的《资产评估专家指引第9号——数据资产评估》中对数据资产的定义是:"数据资产是由特定主体合法拥有或者控制,能持续发挥作用并且能带来直接或者间接经济利益的数据资源。"

那么什么是文化数据资产?文化数据资产是文化资产的组成部分,同其他文化资产一样,承载了"文化"的效用价值和有用性,具有经济价值,可以进行价值计量。资产都需要具有权属,也就是为特定主体拥有或控制。不同的是资产形态,文化数据资产是非实物的数字或数码形态。所以,文化数据资产是具有资产权属、经济价值和文化属性的可计量文化数据,包括文化创作、生产、传播、消费过程中直接形成的以二进制形式存在的数据资产,也包括原有其他类型资产的数字化转化的数据资产。在一个企业中,并不是所有数据资产都是文化数据资产。

文化资产是文化资源及价值体系的核心,也是文化金融的核心。关于文化资产的范畴和边界,业界和学界有很多的解释,但总的来说,文化资产既要符合资产的特点,同时还要有文化属性。文化数据资产作为一种文化资产,与其他资产形态和类型一样(见图6.1),将作为一类重要资产纳入资产清单或资产负债表。

> 以版权（著作权）为主要形式的无形资产
> ——在影视、传媒、演艺、游戏动漫等内容型文化企业中，无形资产是核心资产，主要指版权（著作权）资产。

> 以非物质文化遗产为主要形式的传统文化资产
> ——非物质文化遗产是指口头传统和表述、表演、礼仪节庆、美术书法等各种传统文化表现形式，以及与表现形式相关的实物和场所。这部分既有无形资产，也有有形资产。

> 具有文化价值的实物资产
> ——包括历史文化建筑、文物、艺术品等。这类文化资产部分虽有经济价值但不能流通。这些资产不仅存在于文化产业和文化企业当中。

> 文化数据资产
> ——数据成为生产要素，也是一种生产资料，具有了明确的经济价值。而对于文化企业和文化产业来说，文化数据资产也将成为文化资产的重要形态。

图 6.1 文化资产的主要形态和类型

2. 文化数据资产在文化金融体系中具有基础性价值

近年来，由于大数据技术的广泛应用，企业的数据的价值被发掘，在"数据管理""数据资源管理"的基础上，基于资产视角的数据资产管理受到业界的广泛关注。2016年10月德勤（Deloitte）提出了"第四张报表"的概念，此后在业界逐渐被接受。"第四张报表"虽然不完全是"数据资产表"，但其以大数据技术为基础的非财务数据证明了企业价值，也证明了数据资产的价值。从金融视角上看，"第四张报表"如果具备了一定的行业性成熟度，那么将改变金融服务企业的模式。不仅是企业数据需要资产管理，公共数据的价值也正在政府推动下被挖掘和利用，使之能够有效服务于产业发展。

我国在数据交易和评估方面也有很大进展，成立了很多政府背景的数据交易中心、数据资产评估中心，社会化数据交易平台也如雨后春笋般出现。2018年6月7日国家市场监督管理总局、中国国家标准化管理委员会联合发布《信息技术 数据交易服务平台 交易数据描述》，2019年8月30日发布《信息技术 数据交易服务平台 通用功能要求》和《信息安全技术 数据交易服务安全要求》，这是我国发布的三项数据交易国家标准，推动了数据交易的规范化发展。在评估方面，中国资产评估协会在2019年印发了《资产评估专家指引第9号——数据资产评估》作为一种行业参考。

金融视角下，数据资产管理一旦形成了全行业的规范性，就有了基础性价值，就具有了金融体系中的基础设施属性。各种数据交易中心和交易平台，以及相应的交易规范、评估评价体系等，形成了一种特殊的基础设施，对金融服务产业发展来说具有重大意义。如电子商务数据资产管理相关标准的发布。2019年6月4日，中国标准化研究院正式发布国家标准GB/T 37550-2019《电子商务数据资产评价指标体系》，该项标准是我国数据资产领域首项国家标准。

就文化金融来说，文化数据资产与文化金融服务体系的关系，很重要的一方面，就是文化数据资产成为资产评估体系的重要对象，成为基础设施的重要要素。文化数据资产评估与管理体系能够成为文化金融基础设施的一个组成部分，是文化数据资产的基础性价值。（如图6.2）

文化金融基础设施是在统一的金融基础设施下的特殊表现形

式，是和金融服务文化生产紧密相关的基础性软硬件条件和环境。文化金融基础设施中的两大支柱和文化产业信用管理体系和文化企业无形资产评估体系，其中后者与文化数据资产有较大的关联。

图 6.2　文化金融基础设施之中的文化数据资产评估与管理

广义上，资产评估是资产管理的一部分，狭义上可以理解为是两个相对独立的部分。在金融视角下，文化数据资产评估与管理作为一种文化金融基础设施，能为文化金融产品创新、机构运营和市场成长提供基础保障。

文化数据资产评估首先要遵循资产评估的一般逻辑。在资产评估之前，首先要确定资产权属，确定数据资产的相应争议、限制情况，是否有相应的权证。然后要对资产提供价值尺度，也就是进行估值，要赋予数据资产一定的市场价值和非市场价值。在此基础上，文化数据资产评估业务需要一些特别的考量。根据《资产评估专家指引第 9 号——数据资产评估》，数据资产的基本特征通常包括非实体性、依托性、多样性、可加工性、价值易变性等，而文化数据资产则因为增加了文化属性而变得更复杂一些。

文化数据资产管理，可以分为公共文化数据资产、企业（机构）文化数据资产和个人文化数据资产三个方面，各自的管理内涵不同。数据资产管理在企业层面是一种竞争力。在企业层面，文化数据资产管理就是要实现价值管理。文化数据作为企业资产，需要进行成本收益测算，要基于一定的应用场景进行运维，要建立大数据平台以便更有效率提升数据价值。专业化的文化数据资产管理，还需要建立专业团队，并具备专门的业务管理流程。所有这些，都决定了文化数据资产的价值多寡。上升到产业层面，当企业数据资产管理呈现为一种行业规范和标准，就具备了基础设施属性。在公共领域，文化数据资产管理表现为一种政府治理能力。

3. 文化数据资产评估与管理迎来最好政策机遇

当前，我国正在向数据大国和数据强国迈进。国际数据公司（IDC）发布的白皮书《IDC：2025年中国将拥有全球最大的数据圈》显示，我国产生的数据量将从2018年的约7.6ZB增至2025年的48.6ZB。近年来，我国政府积极推动数字经济发展，对于文化产业来说，要适应数字经济发展大潮，积极抓住政策机遇，推动文化数据资源资产化，推动文化数据资产的评估与管理体系的建设。

第一，在"加快培育数据要素市场"的战略任务背景下，作为文化生产要素的文化数据大大提升了在文化经济发展中的重要性。数据在经济意义被定位为生产要素，更加强化了其金融意义上的资产性质。2015年国务院印发《促进大数据发展行动纲要》后,各级政府开始建立政府数据开放平台,以便这种特殊的生产资料能被企业充分利用,能够在产业发展起到要素性的推动作用。重庆、贵州等省市成立了专门的大数据管理的行政主管部门。在2019年8月8日国务院办公厅发布的《关于促进平台经济规范健康发展的指导意见》中提出,要"畅通政企数据双向流通机制,制定发布政府数据开放清单,探索建立数据资源确权、流通、交易、应用开发规则和流程,加强数据隐私保护和安全管理"。在2020年3月30日发布的《中共中央国务院关于构建更加完善的要素市场化配置体制机制的意见》中,提出要"加快培育数据要素市场",这是文化数据资产化的重要战略依据。

第二,"国家文化大数据体系建设"工程的实施对文化数据资源的利用以及资源资产化是重大利好。2019年8月,科技部、中宣部等六部委印发《关于促进文化和科技深度融合的指导意见》,其中提出"加强文化大数据体系建设"的重点任务,同时提出:面向社会开放文化大数据,鼓励公民、法人和其他组织依法开发利用,将中华文化元素和标识融入内容创作生产、创意设计以及国土空间规划、生态文明建设、制造强国建设、网络强国建设和数字中国建设,让文化遗产"活起来"。

在中宣部文改办2020年5月下发的《关于做好国家文化大数据体系建设工作通知》中,提出了中国文化遗产标本库建设、中华民族文化基因库建设、中华文化素材库建设、文化体验园建设、文化体验馆建设、国家文化专网建设、国家文化大数据云平台建设、数字化文化生产线建设等八大任务,这一工程主要涉及公共文化数据的采集、储存、传输和应用,其中也包括鼓励社会企业参与公共文化数据的采集以及文化大数据的开发。"国家文化大数据体系建设"的实施,将极大激活文化资源的价值,在构建"文化大数据应用生态体系"过程中链接公共与产业领域,实现文化数据资源的资产化和经济价值。

第三,新形势下推动产业数字化转型的各类政策提供了文化产业数字化发展的良好机遇。2020年新冠肺炎疫情下,我国各级政府在推动金融、财政和税收支持产业复苏的同时,也关注了产业的数字化转型问题,"新基建"在疫情之下加速落地,将为包括文化产业在内的经济发展提供全新的基础设施。2020年5月,国家发展改革委、工信部等17部门联合发起了"数字化转型伙伴行动",并提出五点"行动倡议"。在疫情影响下。文化产业整体上也受到重创,但一些互联网形态的文化业态显现了强大的生命力,这更加刺激了文化产业数字化转型的步伐。在政策推动下,大量资金将涌入数字化领域,很多文化企业将在生产、管理和服务环节进行数字化改造。当文化生产大量使用大数据技术、人工智能技术和云平台,文化数据资产的规模将呈现几何级数增长。

4. 建设文化数据资产评估与管理体系的相关建议

数字经济背景下的文化产业和数字化转型中的文化企业,将形成巨量的数据资源。在金融视角下,文化数据资源需要资产转化，然后才能开发与数据资产相关的信贷、债券、融资租赁、担保、保险等产品，但这需要拥有一个成熟的数据资产评估与管理体系。建议有条件的地区尽快从政府角度上着手文化数据资产治理工作，在文化金融角度上推动文化数据资产评估与管理体系建设。

第一，在现有数据治理体系下，推动文化数据资产评估与管理形成行业规范。鼓励资产评估机构积极开展文化数据资产评估业务。我国很多资产评估机构都已经开始开展数据资产评估业务，一些地方成立了专门的数据资产评估机构，如早期的贵阳大数据资产评估中心，以及2018年成立的内蒙古（和林格尔新区）数据资产评估中心。金融业、电信业等领域的数据资产是主要的评估对象，文化数据资产并不是重点。但是在北京、上海、深圳等文化产业发展较好的城市，文化数据资产的规模已经不可限量。仅仅依靠现有的数据资产评估机构是远远不够的，从发展文化的角度上，也需要更多的综合性资产评估机构参与到文化数据资产评估业务中来。各级资产评估协会多设立有无形资产专委会，可结合无形资产评估，专门研究设立文化数据资产评估机构，鼓励成员单位开展文化数据资产评估业务，切实服务文化产业的数字化转型和高质量发展。

在贵州、深圳等一些省市，已经出台了相应的数据管理规范，包括出台了"办法""条例"等法规性文件，如深圳市发布的《深圳经济特区数据条例（征求意见稿）》。这些文件对政府数据资产等各类数据资产类型的管理都有所涵盖。2015年以来，我国已经出现很多政府背景的数据资产交易机构，如贵阳大数据交易所、武汉东湖大数据交易中心、北部湾大数据交易中心等。建议在文化产业发展较好的城市，利用消化现有数据治理经验，充分利用现有交易场所开展文化数据资产治理的相关工作。建议参照股交中心设立"文创板"模式，鼓励在数据交易中心开设文化数据资产交易的专门通道，推动文化产业数据资产管理形成一定的行业性业务规范和行业标准。

第二，积极利用文化产权交易所等现有平台，探索开展文化数据资产评估与管理相关业务。目前文化数据资产总体上结构比较复杂，而且行业性很强，一般机构缺少动力介入，所以需要探讨由专门机构来进行文化数据资产相关工作的问题，要探索利用或建立相应的专门机构和平台。我国原有的文化产权交易所，经过治理整顿之后，大多还在寻求新的发展模式的探索之中。文化产权交易所在职能和业务活动范围上都比较适合开展文化数据资产交易相关业务，所以应积极鼓励转型规范的文交所在产权交易标的类型上增加文化数据资产和数据产权。应该鼓励文交所与数据资产服务机构合作，围绕文化数据资产交易进行咨询、组织发布、鉴证、结算交割等服务。应鼓励文化产权交易所在条件成熟的条件下转型专门从事文化数据资产相关工作，成立"文化数据产权交易所"或"文化数据资产交易所"。

第三，积极利用金融、财税手段引导社会资本投资文化数据资产业务和项目。我国已经出现了很多提供数据资产交易的市场化交易平台，如京东万象、数据宝、发源地、天元数据、数据星河等。在支持文化与科技深度融合的战略下，在文化科技创新工程体系下，应积极利用金融和财税手段引导市场机构开展文化数据资产相关业务，为文化数据资产评估提供市场前景。引导金融机构关注这一细分领域，鼓励银行、保险、融资租赁等机构为文化数据资产管理业务服务商提供金融服务。鼓励国有大型文化投资公司牵头投资和开展文化数据资产相关项目。利用大数据相关引导基金鼓励社会资本投资文化数据开发利用项目，开展文化数据资产管理业务。在大数据发展相关资金计划中，设立针对文化数据资产管理的专门资金，对文化数据资产相关项目和业务进行贴息扶持。利用文化金融服务中心为相关项目提供综合性服务。

第四，积极开展文化数据资产相关知识分享、学术交流及课题研究。国家文化大数据产业联盟的成立，将大大促进政产学研之间的交流和沟通，同样，一个类似"文化数据资产管理俱乐部"的平台组织的活动可能要好过多次谈判。虽然数据管理已经是老生常谈，但数据资产管理对于机构和企业来说都是比较新的领域，不仅需要金融机构和企业双方都对文化数据资产的内容、特点和价值有较充分的了解，也需要在行业协会、平台组织的协调下，积极沟通，建立共享分享机制。同时，应鼓励设立文化数据资产管理相关重点重大课题，积极开展行业研究。良好的交流和研究，将有利于文化数据资产管理业务更加规范化，同时也有利于金融机构基于文化数据资产进行文化金融产品创新，积极服务于文化产业。

在新经济金融服务体系视角下进一步发展文化金融[①]

我国经济开始进入后工业化时代,金融正在构建适应新经济发展的新的服务体系,我们可称为"新经济金融服务体系"。如何在新经济视角下发展文化金融,为文化产业提供新型金融服务,是一个值得思考的问题。那么文化产业和新经济什么关系?如何构建一个更加有效率、有质量的文化金融服务体系?

我在2019年9月举办的"每经国际文创金融路演中心(时尚发布中心)全球发布仪式暨首场路演活动"及2020年1月"NIFD文化金融研究中心年会"等活动中提出,在新经济时代应建立一套新的产业金融服务体系,需要在新经济金融服务体系构建中考虑文化金融进一步发展的新路径。我们可以从思想认识、制度供给和技术变革三个方面来进一步阐述和认识这个问题。

1. 认识文化产业与新经济的关系,明确发展新文化经济的两大路线

十几年来,文化产业与新经济的关系被忽略了,因而文化金融

[①] 本文原发表于"深圳文化产权交易所"微信公众号,2020年7月21日。原标题为《在新经济金融服务体系视角下进一步发展文化金融》。

在某些方面是有缺陷的。我们需要明确：文化产业和文化经济到底是否属于新经济？或者说多大程度上属于新经济？这决定了在新经济金融服务体系的构建进一步发展文化金融这个命题的合理性。

随着当代经济的不断演进，新经济的内涵有了更丰富的含义，我国政府提出的"新经济"和"三新经济"已经不仅限于纯粹的技术经济范畴[1]，我们从中可以理解文化产业和新经济的密切关系。需要认识到，无论文化产业被论证有多么古老，但它仍是随着经济变迁而被定义的。后工业时代的文化产业，具有与新经济天然的紧密关系。这种关系集中体现在以文化产业为核心的文化经济正在演变为一种"新文化经济"，这种新文化经济是一种具有创新性、融合性和要素性特征的新经济形态。我们可以从技术范畴和非技术范畴两个路线来理解文化产业与新经济的密切关系，来认识新文化经济。

第一，文化产业科技创新和数字文化产业崛起，是文化产业现代化的基本路线，也是新经济的重要组成部分。从 20 个世纪 90 年代中国互联网时代的肇始，文化产业就开始汇流于新技术的进步，我国政府从 2012 年起积极推动"文化科技创新工程"。数

---

[1] 20 世纪 90 年代，"新经济"在美国兴起，这个词汇描述了当时美国正在蓬勃发展的信息技术革命和知识经济。包括中国的亚洲一些国家很快也开始在新经济方面实现飞跃，21 世纪的全球新经济发展态势形成。在中国，关于新经济的内涵正在发生演化并得到丰富，呈现了不同的时代特征。"新经济"一词在 2016 年"两会"期间正式写入国务院政府工作报告。中国的"新经济"内涵与"新常态"发展时代紧密相关，基本内容是"新动能、新产业、新业态"。

字经济背景下,现代数字技术和文化产业融合形成了数字文化产业,数字技术正在展示着文化产业发展的新方向,文化生产、运营、消费及文化资产都在发生本质的变化。"三新"经济是新产业、新业态、新商业模式生产活动的集合,根据《新产业新业态新商业模式统计分类(2018)》和《新产业新业态新商业模式增加值核算方法》,在"三新"经济体系里面有很多内容都与文化产业密切相关,主要包含在先进制造业、互联网与现代信息技术服务、现代技术服务与创新创业服务、现代生产性服务活动、新型生活性服务活动、现代综合管理活动等大类中(见表6.1)。

表6.1 《新产业新业态新商业模式统计分类(2018)》中与文化产业相关的部分

大类	中类	小类
02 先进制造业		020109 数字创意技术设备制造
05 互联网与现代信息技术服务	0501 现代信息传输服务	050102 下一代广播电视网运营服务
	0502 互联网平台（互联网+）	050201 互联网生产服务平台 050202 互联网生活服务平台 050203 互联网科技创新平台
	0503 互联网信息及其他服务	050302 网络游戏服务 050303 互联网电子竞技服务 050304 网络音乐服务 050305 网络视频和直播服务
05 互联网与现代信息技术服务	0504 软件开发生产	050404 数字内容加工软件
	0505 数字内容设计与制作服务	050501 数字内容设计服务 050503 数字动漫制作服务 050504 数字游戏制作服务
06 现代技术服务与创新创业服务	0602 其他现代技术服务	060602 创意设计服务 060404 个性化产品设计与定制服务

续表

大类	中类	小类
07 现代生产性服务活动	0705 现代商务服务	070501 互联网广告
08 新型生活性服务活动	0805 互联网教育	080500 互联网教育
	0809 现代体育休闲服务	080901 体育竞赛表演活动
		080902 运动休闲活动
	0810 文化娱乐服务	081001 数字广播影视及视听内容服务
		081002 数字化娱乐服务
		081003 数字新媒体服务
		081004 数字广播影视及视听节目服务
		081005 网络出版服务
		081006 数字创意与融合服务
		081007 数字博物馆
	0811 现代旅游服务	081103 休闲观光旅游等
09 现代综合管理活动	0902 现代城市商业综合管理服务	090201 城市商业综合体
		090203 园区管理服务

第二，创意经济和版权经济发展背景下，现代文化产业展现了非技术范畴的新经济特征。依靠"亲近"科技成为新经济不是文化产业和新经济关系的全部。"文化创意"作为一种特殊的创新，已经表现为经济和产业增长的内生要素，这是文化产业作为新经济形态的另一条路线。文化经济不仅限于艺术经济范畴，创意产业作为文化经济的一部分在国际上得到认可[①]。我国多年来的实践中，很多地方使用"文化创意产业"这一概念来制定政策，这已

---

① 如英国文化经济学家露丝·陶斯（Ruth Towse）在编著新版《文化经济学手册》时写道："写这本书的目的是要将文化经济学过去的范围扩大，将创意产业和相关的版权法问题包括进来"。

表明了文化产业与创意经济的紧密关系。我国经济学家厉无畏认为文化创意作为一种资本已经成为驱动经济增长的主导因素，创意产业具有与传统产业完全不同的发展逻辑，包括：产业驱动的软性资本（知识、文化、人力资本等），资源的反复使用，环状价值链，组织扁平化，顾客价值导向，边际效益递增等[①]。文化创意作为产业发展的一种内生要素正在被实践所证实并广泛认可，这也是一种新经济。

非技术范畴的另一个内容是版权经济。版权经济与文化产业高度重合，美国版权产业和版权经济的发展，从中可以看到知识经济和法治经济在文化产业的投射，为我国进一步发展文化产业提供了借鉴。更重要的是，通过版权经济的发展，文化产业有了更鲜明的现代文化生产特征和消费特征，其中，版权授权、版权运营、知识付费等新型产业模式使文化产业的新经济特征更为明显。可以看到，以知识服务和版权服务为重要内容的文化产业新形态，是现代服务业的重要组成部分。实际上，文化产业的绝大部分都正在成为现代服务业，这为文化金融提供了变革服务模式的新维度。

2. 借鉴科技金融，补足制度供给中的两个短板

虽然当前的传统金融服务体系仍是保守僵化的，是滞后于新

---

① 厉无畏、王慧敏.创意产业新论[M].上海：东方出版中心，2008：78-79。

经济发展的,但科技金融方面已经取得的成功经验仍为文化金融发展提供了良好的借鉴。与传统的工业经济时代不同,服务于高新技术产业尤其是现代互联网和信息产业的产业金融飞速发展,形成新经济金融服务的主干。新经济金融服务体系的一些特征主要有:一是产品设计以知识产权等新型资产为中心;二是新型的风险评估体系;三是机构具有更灵活的投融资组合及机制;四是普惠程度更高;五是资本金融市场发展加速;等等。

新经济时代的科技金融,金融机构在服务理念上开始从以产品为中心向以客户为中心转型,整个体系都开始发生一些质的变化,这些都值得文化金融发展借鉴。应该说,我国的文化金融政策体系也基本遵循了科技金融政策的基本路径。但通过实践来看,比较起科技产业金融服务的制度供给,文化金融的制度供给在关键环节和深度上是不足的,需要在新经济的视角下进一步优化,所有的制度设计中,目前仍存在两个主要的短板需要进一步补足。

第一,深化组织创新,鼓励设立更具专营性的文化金融机构。经过几十年的发展,银行等金融机构在高新技术产业信贷方面的产品创新体系已经基本形成,主要特点是以知识产权、无形资产等资产为中心进行创新。专门服务于科技创新的专营机构也大量出现,如以美国"硅谷银行"为模板的科技银行等,而且大多数银行都有专门的科技支行。保险等其他金融领域的专营化也较高,如2012年中国人民财产保险股份有限公司在苏州成立了科技保险专营机构。

文化金融领域的组织创新虽有进展,但远远不如科技金融领域。服务文化产业的专营机构屈指可数，文化类保险机构至今没有成立，一些早有政策设计的机构一直未能设立，政策执行层在文化金融机构创新的问题上过于谨慎了。中国银保监会主席郭树清在2019年6月召开的一次会议上指出，我国的金融机构种类不丰富，布局不合理，特色不鲜明，"过度竞争"与"服务空白"同时存在，应当着力发展更多专业化个性化金融机构[①]。实际上，在现代文化经济发展的今天，与科技相对应的以文化为动力的新经济发展规模已经可以支撑很多专业化、个性化的中小金融机构的生存和发展，关键是如何在制度上给予认可和支持。

第二，坚持推动利用股权资本市场，推动场外市场专门化和文化产业要素市场专门化。科技金融的成功之处，很重要的方面是推动了资本金融市场的突飞猛进。现代信息技术和互联网产业的发展，体现了高风险、高收益的产业特性，完全指望保守的、以安全为首要原则的传统金融机构提供更多的资本是不现实的，所以政府很早就通过政策和市场机制设计，推动金融从以机构为中心的货币金融向以市场为中心的资本金融转进，于是有了美国的纳斯达克，有了中国的创业板和科创板，使现代资本市场呈现出极其活跃的局面。而对文化产业来说，不仅没有专门的市场设计，即便利用现有的市场机制和架构，也常常受到监管的特别关照，近些年来文化产业股权投资市场的急速退潮已经说明了这个问题。

---

① 郭树清在第十一届陆家嘴论坛上的开幕致辞（2019年6月13日），中国银保监会官方网站，http://www.cbrc.gov.cn/chinese/newShouDoc/A73E721642B74F87B5297D779676EAF7.html。

同样是高风险、高收益行业，文化产业在股权资本市场的利用和建设上虽然过于滞后了，需要在制度设计上创造更大的空间。文化产业资产市场专门化受制于文化属性可能带来相应的障碍，一些地方正在推动的"文创板"等设想也有些市场容纳度和可行性的缺陷，但在文化产业资本市场的场外市场专门化方向，在文化产业要素市场专门化方向，仍需要一些更大胆的探索。

3. 依托技术变革，寻求文化金融发展新的飞跃

传统金融服务体系的改造不仅需要制度支撑，还有一个重要维度是依靠现代技术变革。在新金融服务体系构建中的一些主要瓶颈，在新技术条件下已经能够得到有效解决。金融科技正在重新定义现代金融服务体系，包括工具、机构、市场和金融基础设施等，为新经济金融服务体系的重构提供了强力的支撑。依靠技术变革路线，文化金融也可以为新文化经济提供更好的保障。某种意义上说，踏上金融科技的"班列"，是文化金融在新经济框架下发展并实现飞跃的少有机会了。有些问题，比如文化资产评估问题，以往无论我们怎么说文化产业是新经济，都几乎无法"破局"，而在新技术条件下，这个问题已经可以解决了。

第一，以大数据等技术平台为支撑进行产品创新和组织创新。传统金融服务的产品是以标准化的名义而僵化的，几乎是无法变通的，这在上个时代甚至是一种"骄傲"。然而，新金融服务时代，依据客户的不同特点设计不同的产品已经成为可能，完全可

以做到从"类"到"个",这得益于大数据等技术的广泛应用。大数据技术的利用,使银行等金融机构能够准确分析客户的行为习惯、偏好、信用评价等情况,真正实现以客户为中心,对客户开展针对性的产品开发和营销,切实服务文化企业。

同时,那些曾经因为技术所限实际上形同虚设的互联网金融创新部门,可以重新获得生机。一些利用新技术建立竞争优势的中小金融机构,因为风控能力的提升可以将文化产业作为主要服务对象,文化金融专营化机构的设立也会变得更具可行性。

第二,在新技术保障下建立文化产业新市场机制。文化产业是高风险、高收益特征明显的产业,与高科技产业一样需要更多的风险投资,需要更充分利用股权投资市场。风险可控是传统金融服务体系的首要原则,新金融服务体系需要更多改变,但在监管上仍受到风控制约。以往,文化众筹等一些新的市场模式和机制,刚刚创新出来就因为风险问题而受到严格的监管,要么夭折,要么胎死腹中。场内交易市场通过金融科技应用可以更加高效、安全,而受益最大的可能是场外交易市场。如果大数据提供更完备的风险信息,区块链技术构建安全可信的数据流平台,人工智能提供辅助性顾问咨询服务,那么区域性股权交易市场模式的全国性"文创板"就是值得探索的模式,文化众筹等曾经因为风险问题受到限制的市场机制,就能够焕发新的生命。

第三,依靠新技术构建文化资产评估体系和文化行业信用体系。文化资产是能够进行价值计量的文化资源,是一国竞争力的体现,在和平年代可比肩科技领域资产。以往我们只是在知识产权体系下对文化领域的无形资产部分（主要是版权）有一定的掌控，但范畴更广泛的文化资产乃至文化资源都无法作为金融服务的基础。随着大数据、区块链等技术的应用，这种状况将得到很好的改善。新技术平台可以辅助人甚至取代人，能够使各类文化资产的确权、估值、交易更加科学化。不仅文化产业无形资产评估体系这个支柱得到夯实，其他具有文化价值的建筑、文物、艺术品等实物资产的价值评估也将科学化和体系化，而文化数据资产也在新技术条件下将成为最重要的文化资产类型。

在传统金融服务体系下，可资担保的资产永远比信用更加可靠，尤其是在银行信贷领域。我国政府一直提倡和鼓励要提升信用贷款的比例，但是如果不能解决信用管理或信用评估体系问题，这一直是难破的"死局"。南京"文化征信贷"是一种基于大数据信用分析支持小微文化企业信用贷款的金融产品，由金电文创公司与南京银行科技文化支行等银行共同设立，在文化企业征信方面提供了不错的案例参考，从中可以看到，大数据等新技术已经为信用管理体系变革提供了更大的可能。在新平台和新体系下，每个市场主体和个体的经济行为都清晰可见，金融机构和相关部门都可以依据新的体系利用信用数据，信用数据只需要在经济和伦理平衡的模型下进行持续输出。